Nicky Gumbel

Erweckung heute
Wie wir uns auf einen geistlichen Aufbruch
vorbereiten können

Nicky Gumbel

Erweckung heute

Wie wir uns auf einen geistlichen Aufbruch
vorbereiten können

Projektion J Verlag

Titel der Originalausgabe:
„The Heart Of Revival".

© 1997 by Nicky Gumbel
erschienen im Verlag Kingsway Publications,
Eastburne, England

© der deutschen Ausgabe 1999 Gerth Medien, Asslar

ISBN 3-89490-251-5
Best.-Nr. 657 251

Die Bibelzitate wurden der Einheitsübersetzung,
© Katholisches Bibelwerk Stuttgart, entnommen.

Übersetzung: Marita Wilczek

Umschlaggestaltung: Hanni Plato
Titelillustration: Charlie Mackesy
Satz: Typostudio Rücker
Druck und Verarbeitung: Ebner Ulm
Nachdruck, auch auszugsweise, nur mit Genehmigung
des Verlags.

1 2 3 4   02 01 00 99

Inhalt

Vorwort

Willst du uns nicht wieder beleben, sodass dein Volk sich an dir freuen kann?", flehte der Psalmist (Psalm 85,6). Und heute ist dies wieder das Anliegen der Kirche. Während wir täglich neu mit Schreckensmeldungen bombardiert werden, die uns durch die Medien oder durch eigene Beobachtung und Erfahrung erreichen, wächst in vielen Herzen die tiefe Sehnsucht danach, dass Gott etwas Radikales, Aufregendes, Reales und Neues tun möge.

Es gibt natürlich viele ermutigende Anzeichen. Überall in der Welt sehen die Gemeinden erste Keime neuen Lebens aufsprießen, zum Teil unter höchst unwahrscheinlichen Umständen. Alpha-Kurse (eine praktische Einführung in den christlichen Glauben) finden in wachsender Zahl in Gemeinden, Privatwohnungen und Gefängnissen statt; die geistliche Atmosphäre ist in vieler Hinsicht offener, als sie es in unserer Zeit je gewesen ist.

Vor diesem ermutigenden Hintergrund überrascht es nicht, dass heute so viel über Erweckung gesprochen wird. Gemeinden und Fürbittegruppen beten dafür, glauben an das Bevorstehen einer Erweckung und erwarten sie. Einige Leute sind verständlicherweise verwirrt: „Was sollen wir tun, während wir auf Erweckung warten? Woran sollen wir sie erkennen, und sehen wir schon etwas davon – oder nicht?"

Die Geschichte zeigt, dass bei einer Erweckung Männer und Frauen für das Reden Gottes wach und empfänglich werden. Eine Definition von Erweckung könnte tatsächlich lauten: „Wach werden und leben". Dazu gehört das Atmen als fundamentaler Ausdruck von Leben – das Einatmen des Geistes Gottes und das Ausatmen, das Weitergeben seiner Liebe an die Gemeinde – und durch die Gemeinde an die Welt.

1953 prophezeite der irische Evangelist und Erweckungshistoriker Edwin Orr, der Heilige Geist stehe im Begriff, eine neue Generation inspirierter Leiter aufzubauen und einzusetzen, um eine große Erweckung und gemeinsame Evangelisation zu unterstützen und aufrechtzuerhalten. Was immer er damit auch im Einzelnen meinte, Nicky Gumbel ist offensichtlich einer derjenigen, von denen er sprach.

Nickys Ansatz bei diesem gesamten Themenkreis ist erfrischend gut recherchiert und sachkundig. Von der Auslegung einiger Lehren im Buch Jesaja ausgehend, leitet er wichtige Wahrheiten für heute ab; dabei vermeidet er die Falle spekulativer Euphorie und gelangt zu einer ausgewogenen und außerordentlich lesenswerten Studie. Sein ganz eigener, positiver Stil und die köstlichen Illustrationen von Charlie Mackesy machen dieses Buch zum Standardwerk für jeden, der mehr über Erweckung wissen möchte. Ob Sie gerade erst einen Alpha-Kurs absolviert haben oder schon seit Jahren Christ sind, ich bin sicher, dass dieses Buch Ihnen nicht nur neue Inspiration und eine neue Sicht auf die Möglichkeit einer kommenden Erweckung vermitteln wird, sondern auch das rechte Verständnis dessen, was sie bedeuten könnte und wie Sie sich darauf vorbereiten können. Ich empfehle Ihnen diese Lektüre daher aus ganzem Herzen!

Sandy Millar
Holy Trinity Brompton

Dank

Dieses Buch wurde in der Absicht geschrieben, die Kapitel 40 bis 66 im Buch Jesaja zu betrachten und festzustellen, welche Erkenntnisse wir für die heutige Gemeinde daraus ziehen können. Natürlich bestehen beträchtliche Unterschiede zwischen unserer modernen Auffassung von „Erweckung" und den Fragen, die den Hintergrund der oben genannten Kapitel bilden. Andererseits gibt es viele Übereinstimmungen und starke Verknüpfungen zwischen beiden, und diese sind es, die ich im vorliegenden Buch untersuchen möchte.

Eine Möglichkeit, dieses Buch zu verwenden, besteht – so hoffe ich – darin, es als Studienmaterial für Kleingruppen einzusetzen. Wir haben bereits eine Reihe von Büchern veröffentlicht, die auf dem Alpha-Kurs aufbauen, doch dies ist das erste, das sich auf alttestamentliche Inhalte bezieht. Ich hoffe, dass es Sie ermutigen wird, das Alte Testament zu studieren.

Das Buch war eine Teamleistung, und ich bin allen außerordentlich dankbar, die ihre Zeit, Energie und Kompetenz eingesetzt haben, um bei diesem Projekt zu helfen. Danken möchte ich insbesondere Präbendar John Collins, Präbendar Sandy Millar, Dekan Dr. Tom Wright, Pastor Dr. David Stone, Dr. Peter Somers Heslam, Zilla Hawkins, Jo Glen, Helena Hird, Dr. Roland Werner, Si Levell, Pastor Chris Russell, Annie Sutherland, Sue Arundale, Andrew Brydon, Chris Smith und Pastor Jon Soper. Natürlich liegen die Unvollkommenheiten und Fehler in meiner eigenen Verantwortung. Schließlich danke ich Philippa Pearson Miles, Katie Mason und Juliet Sloggett für ihre enorme Effizienz und Geduld bei der Bearbeitung der zahlreichen Entwürfe, Überarbeitungen, Änderungen und Korrekturen in den letzten drei Jahren.

1

Was ist Erweckung?

Einleitung zu Jesaja 40-66

Oft habe ich mich gefragt, wie eine „Erweckung" wohl aussieht. Und dann sah ich im *Hyde Park* am Samstag, den 6. September 1997, wie Menschen sich zu Tausenden und Abertausenden still und unauffällig in eine Richtung bewegten. Es herrschte ein Empfinden der Einheit in Liebe, vielleicht sogar der Reue sowie der Sehnsucht danach, eine bessere, mitfühlendere Welt zu erleben. Die Scharen bewegten sich auf zwei riesige Leinwände zu, um an einem christlichen Gottesdienst teilzunehmen, den via Satellit 2,5 Milliarden Menschen sehen würden, fast die Hälfte der Menschheit. Der Anlass war natürlich die Trauerfeier für Lady Diana.

Millionen beteten gemeinsam, dass Gottes Name geehrt werden, sein Reich kommen und sein Wille im Himmel und auf der Erde geschehen möge. Während wir so beteten, kam mir der Gedanke, dass dies vielleicht eine Andeutung dessen war, wie eine „Erweckung" aussehen könnte – wenn die Traurigkeit des Anlasses durch Freude ersetzt würde.

Von Zeit zu Zeit hören wir Berichte über Erweckungen in verschiedenen Teilen der Welt. Im Buchladen unserer Gemeinde stellte sich mir einmal ein Mann als Dr. Cheung vor. Er ist Evangelisationsleiter für Dr. David Yonggi Cho, den Pastor der *Full Gospel Central*

Church in Seoul, der Hauptstadt Südkoreas. Ich fragte Dr. Cheung, wie viele Hauskreise es in dieser Gemeinde gebe. Er erwiderte: *„50.000."* *„Und wie viele Mitglieder haben Sie?"*, erkundigte ich mich. *„750.000"*, lautete die Antwort. 1961 waren es noch 600, Anfang 1980 schon 100.000 Mitglieder. Inzwischen ist es die größte Gemeinde der Welt und Seoul ist außerdem die Heimat von neun weiteren der zwanzig größten Gemeinden der Welt.

Die ersten Missionare kamen 1845 nach Korea. 1866 ging der Ire Robert Thomas, der als Missionar in China diente, nach Korea, um in der dort lebenden Chinesisch sprechenden Bevölkerung Bibeln zu verteilen. Bei der Ankunft erwartete das Schiff ein feindseliger Empfang: Als es sich der Küste näherte, griffen koreanische Soldaten an und schleuderten brennende Holzscheite aufs Deck. Die Mannschaft war gezwungen, das brennende Schiff zu verlassen, und viele starben dabei. Robert Thomas packte einige seiner Bibeln und watete durch das seichte Wasser an Land. Am Ufer wurde er sofort angegriffen, doch bevor er zusammenbrach und starb, drückte er seinen Mördern die Bibeln in die Hände. *„Und so trank die Erde Nordkoreas das Blut eines Märtyrers an genau der Stelle, wo vierzig Jahre später die Erweckung geschah."*[1]

Um 1900 gab es nur 50.000 Christen in Korea. Trotz der kommunistischen Verfolgung brach Anfang des Jahrhunderts in Pjongjang eine „Erweckung" aus. In den folgenden Jahren vervierfachte sich die Zahl der Kirchenmitglieder. 1990 lebten 12 Millionen Christen in Südkorea (die Einwohnerschaft von Seoul bestand zu diesem Zeitpunkt zu 40 Prozent aus Christen in über 7.000 Gemeinden). Über zwanzig Gemeinden werden täglich gegründet und das Evangelium hat jeden Teil der Gesellschaft durchdrungen. Jeden Morgen um 5 Uhr beten etwa eine Million südkoreanische

*Erweckung, äh … ich glaube, das ist
so eine Art Weckruf beim Militär, oder?*

Christen für ihr Land und für die Ausbreitung der Erweckung in ganz Asien und der übrigen Welt.

„Erweckung" geschieht auch in China. In dem Artikel „Der große Aufbruch – Chinas christliche Erweckung" berichtete die Zeitschrift *Asia Week* über das, was sie als „eine der dramatischsten Erweckungen in der Geschichte des Christentums" bezeichnete. 1950 gab es nach offiziellen Angaben weniger als 4 Millionen Christen in China. 1977 lautete die Auffassung der kommunistischen Partei: *„Wir glauben, dass jede Religion Aberglaube und ein Hindernis für die Revolution ist. Wahrscheinlich gibt es noch ein paar Christen, aber sie sind alle alt. Sie werden aussterben, und dann ist die Sache vorbei."* Doch heute blüht das Christentum in China wie nie zuvor, und einige Berichte deuten auf ein Wachstum von 25.000

Neubekehrten pro Tag. Dr. Hudson Taylor III. (ein Enkel des berühmten Chinamissionars im 19. Jahrhundert) sagt: *„Die chinesische Erfahrung ist ein beredtes Zeugnis dafür, dass keine Macht der Erde Gottes Macht ausschalten kann. Die Wahrheit brennt dort am hellsten, wo das Feuer am heißesten lodert."*[2]

Im April 1994 berichtete die englische Tageszeitung *The Guardian*, dass China vom „christlichen Fieber" erfasst ist, was in großen Versammlungen (selbst mitten in der Nacht), Massentaufen und Heilungswundern zum Ausdruck kommt. Ein Pastor kommentierte: *„Durch Süd-Henan zu gehen ist, als würde man in die Seiten der Apostelgeschichte und zum Christentum des ersten Jahrhunderts zurückkehren. Fast jedes Dorf ist von Erweckungsfeuern erfasst ... Tausende, vorrangig junge Menschen, bekehren sich zum Glauben. Viele erzählen von Gebetserhörungen, Wundern, Befreiung."*[3]

Ähnlich hat auch Argentinien in neuerer Zeit eine außergewöhnliche „Erweckung" erlebt; ein Beispiel ist das Werk von Carlos Anacondia, einem Geschäftsmann und Laienprediger. Er führte eine dreimonatige Evangelisation in La Plata durch, in deren Folge von 40.000 öffentlichen Glaubensbekenntnissen zu Jesus Christus berichtet wurde. Dann zog er weiter nach Mar del Plata, wo sich die Zahlen auf 90.000 neue Christen beliefen, gefolgt von San Justo mit weiteren 70.000. Von da an wurde eine Stadt nach der anderen durch seinen Dienst aufgerüttelt und Scharen von Menschen bekehrten sich bei den Veranstaltungen, begleitet von vielen Dämonenaustreibungen und Heilungen. Man schätzt, dass Anacondia inzwischen mehr als 2 Millionen Menschen zu Christus geführt hat.[4] In den vergangenen dreizehn Jahren hat sich die „Erweckung" fortgesetzt. Tausende von Gemeinden wurden gegründet, manchmal in ehemaligen Theatern und stillgelegten Kinos. Einige der größeren Gemeinden halten jeden Tag mehrere Gottesdienste. Das *Olmos* in Buenos Aires ist das größte Hochsicherheitsgefängnis Argentiniens. Außerdem befindet sich dort die größte Gefängniskirche der Welt. Die „Erweckung" ist ausgebrochen und hat nicht nur das Leben Tausender Häftlinge und ihrer Familien verwandelt, sondern auch das Gefängnis selbst. *Olmos* war einst zu Recht wegen seiner Gewalt und Brutalität berüchtigt: schwarze Magie und Gewaltverbrechen waren an der Tagesordnung. Christen waren nur selten anzutreffen und wurden weder von den Insassen noch von den Gefängniswärtern willkommen geheißen.

1988 begann die „Erweckung". Heute hat die *Olmos*-Kirche mehr als 1.200 Mitglieder, was 40 Prozent der Inhaftierten darstellt. Ihr radikaler Lebensstil stellt für Christen überall eine Herausforderung dar. An sechs Tagen in der Woche werden Versammlungen mit Lobpreis, Anbetung, Gebet und Predigt gehalten. Seit die Kirche im Gefängnis etabliert wurde, sind die Gewalttaten drastisch zurückgegangen. Ein beliebtes Bekenntnis der Inhaftierten lautet: „*Weder meine Mutter noch Elektroschock-Folter noch Schläge durch die Polizei hätten mein Leben je verändern können. Das konnte nur Jesus!*"

Auch in Brasilien wachsen die Gemeinden wie nie zuvor. Die *Brazil for Christ Church* in São Paulo wird von Manoel de Melo geleitet und hat seit 1965 6.000 Gemeinden gegründet, davon allein 1.000 in São Paulo. Die „Muttergemeinde" umfasst 25.000 Mitglieder. Insgesamt belaufen sich die Mitgliederzahlen dieser Kirche auf 1,2 Millionen.[5] Ein Pastor schreibt: „*Wir leben in einer Zeit der Erweckung ... mehr als 30 Prozent [der Brasilianer] kennen Jesus jetzt als ihren Herrn.*"[6]

Auch in den USA gibt es Anzeichen für eine Erweckung. Die *New York Times* berichtet, was in Pensacola in Florida passiert: *„Erweckungen kommen und gehen, doch was hier seit fast zwei Jahren geschieht, ist anders. Was als typische vorübergehende Erweckung am Vatertag 1995 begann, entwickelt sich wie eine Lawine zur offenbar größten und längsten pfingstlichen Erweckung in Amerika seit fast einem Jahrhundert."*[7] Mehr als 100.000 Menschen sind inzwischen zum Glauben gekommen.

Wenn wir solche Berichte lesen, sehnen wir uns nach so einer „Erweckung" in unserer Gemeinde und unserem Land. Doch was meinen wir mit dem Wort „Erweckung" eigentlich?

Im Alten Testament lässt sich das entsprechende Wort auf ein Verb mit der Bedeutung „leben" zurückführen, das ursprünglich die Vorstellung von Atmen vermittelte. Dieses Wort erscheint in seinen verschiedenen Formen mehr als 250-mal im Alten Testament. Es lässt sich übersetzen als „beleben", „leben", „wiederherstellen", „bewahren", „heilen", „gedeihen", „erquicken", „retten" oder ähnliche Begriffe. Das vergleichbare neutestamentliche Wort bedeutet „wieder leben".

In der Kirchengeschichte wurde der Begriff „Erweckung" verschieden definiert. In Nordamerika verstand man darunter „besondere Zeiten, in denen Gott auf bemerkenswerte Weise den Glauben in seinem Volk neu belebt."[8] Jonathan Edwards, Theologe und Prediger des 18. Jahrhunderts, beschrieb damit ein „überraschendes Werk Gottes" und deutete es als Gottes wichtigstes Mittel zur Ausbreitung seines Königreichs. Edwin Orr, der viel über Erweckung geschrieben hat, definierte sie als *„Bewegung des Heiligen Geistes, um das neutestamentliche Christentum in der Kirche Christi und der damit verbundenen Gemeinschaft neu zu beleben."* Später wurde es an Stelle der Schlagworte „Mission" oder „Feldzug" benutzt. Manche unterscheiden heute zwischen „Erweckung" als einem souveränen Akt Gottes und „Erweckungsbewegung" oder „Erweckungsfeldzug" (Englisch: *revivalism*) als organisierte Veranstaltung oder Kampagne.[9]

Das Wort „Erweckung" wurde häufig durch Begriffe wie „Reformierung", „Erneuerung", „Wiederherstellung" oder „Zeit der Erquickung" ersetzt. Eine weitere Bezeichnung lautet „geistliches Erwachen". Edwin Orr kommentierte: „Die Logik der Begriffe legt nahe, unter ,Erweckung' die Neubelebung einer Gemeinschaft gläubiger Christen zu verstehen und unter ,geistlichem Erwachen' das neugeweckte Interesse am christlichen Glauben innerhalb der Gemeinschaft nomineller Christen oder Ungläubiger." Die *Oxford Association for Research in Revival* (eine Forschungsgesellschaft zu Fragen der Erweckung) bezieht „Erweckung" (Englisch: *revival*) auf Gläubige und „Erwachen" (Englisch: *awakening*) auf die Bevölkerung im weiteren Sinn.

Die Bedeutung eines Wortes wird natürlich durch seinen Gebrauch bestimmt. Diese verschiedenen Arten, Erweckung zu definieren, sind an sich nicht falsch. In diesem Buch benutzen wir das Wort im weitest möglichen Sinn, sodass es Erneuerung, Wiederherstellung, Erfrischung und Erwachen einschließt. Der Autor Brian Edwards schrieb: *„Erweckung verschlingt alle anderen Wörter, wie der Hai die Krabbe verschlingt."*[10]

Vielleicht eine der besten Definitionen stammt von Duncan Campbell, der selbst an der Erweckung auf den Hebriden-Inseln 1949 beteiligt war. Er beschrieb Erweckung als „eine von Gott durchtränkte Gemeinschaft".

Am Pfingsttag wurde eine Gruppe von Gläubigen zu einer „von Gott durchtränkten Gemeinschaft". Der

Autor und Gemeindeleiter John Stott schreibt in seinem Kommentar zu Apostelgeschichte 2:

„Pfingsten wurde – und das mit Recht – als erste ‚Erweckung' bezeichnet, wobei der Begriff hier für eine jener ungewöhnlichen Heimsuchungen Gottes verwendet wird, in denen ein ganzer Bezirk sich seiner unmittelbaren, überwältigenden Gegenwart eindringlich bewusst wird. Es kann daher sein, dass nicht nur die äußeren Phänomene (Vers 2ff.), sondern auch die tiefe Überführung von Sünde (Vers 37), die 3.000 Bekehrungen (Vers 41) und das verbreitete Empfinden von Ehrfurcht (Vers 43) Zeichen einer ‚Erweckung' waren. Wir müssen allerdings darauf achten, diese Möglichkeit nicht als Entschuldigung zu benutzen, um unsere Erwartungen herunterzuschrauben oder Dinge in den Bereich des Außergewöhnlichen zu verschieben, die Gott vielleicht als normale Erfahrung der Gemeinde beabsichtigt hat."[11]

Zu einer Erweckung gehört mehr als persönliche Erneuerung. Wenn Einzelne zur Realität Christi erweckt werden und wenn diese Erfahrung sich im Leben anderer vervielfältigt, erlebt die Kirche eine neue Einheit des Glaubens und der Zielrichtung. Werden Herzen von der Liebe Christi erfüllt, ist eine „Evangelisation aus innerem Antrieb" geboren. Die Gesellschaft bekommt die Auswirkungen dieser Erneuerung unweigerlich zu spüren. Es kommt zu Wiederherstellungen. Zerrüttete Familien werden wieder vereint. Der moralische Standard der Öffentlichkeit steigt. Integrität bahnt sich den Weg in die Regierungsetagen. Robert C. Coleman, Dekan des *Wheaton College* in Illinois (diese amerikanische Universität erlebte 1995 ein außerordentliches Wirken des Heiligen Geistes), stellt fest, dass *„in dem Maße, wie der Geist der Erweckung herrscht, Barmherzigkeit, Recht und Gerechtigkeit das Land durchdringen."*[12]

In Jesaja 40-66 finden wir viele Themen, die sich auf die Frage der Erweckung beziehen, und eine grundlegende Botschaft Gottes, die für uns heute ebenso relevant ist, wie sie es für das Volk Israel vor Jahrhunderten war. Um die Gründe dafür zu erkennen, müssen wir den Hintergrund dieser Kapitel betrachten.

Das Buch Jesaja wird auch als „Miniaturbibel" bezeichnet. In der Bibel gibt es 66 Bücher. In unserer modernen Version des Buchs Jesaja gibt es 66 Kapitel. Wie die Bibel in zwei Testamente gegliedert ist, so lässt sich Jesaja in zwei Teile gliedern. Das Alte Testament umfasst 39 Bücher, der erste Teil Jesajas 39 Kapitel. Dementsprechend umfasst das Neue Testament 27 Bücher, der zweite Teil Jesajas 27 Kapitel. Während die Kapitel 1 bis 39 viele Themen des Alten Testaments betreffen, beziehen sich die Kapitel 40 bis 66 auf neutestamentliche Ereignisse. Diese späteren Kapitel gleichen tatsächlich Sonnenstrahlen nach stürmischen Wolken – sie sind voller Hoffnung, Trost und Befreiung. Die Kapitel 40 bis 55 wurden als „das Evangelium im Alten Testament" und als „Gute Nachricht für den Menschen der Antike" beschrieben. Das Buch Jesaja wird manchmal als das fünfte Evangelium verstanden. Um zu beschreiben, wie er mit dieser Sicht des Buchs Jesaja aufgewachsen war, sagte ein baptistischer Pastor: *„Würden die anderen vier jemals verloren gehen, wäre das nicht entscheidend, solange wir noch Jesaja haben."*[13]

Der zweite Teil von Jesaja beginnt mit Worten, die später von Johannes dem Täufer zitiert werden (40,3). Es gibt in diesem Abschnitt vier so genannte „Lieder vom Knecht des Herrn", so wie es im Neuen Testament vier Evangelien gibt. Der Höhepunkt des Buchs ist der Tod des Gottesknechts sowie eine Andeutung auf seine Auferstehung (Kapitel 53). Dann folgt die Ausgießung des Heiligen Geistes (Kapitel 61) und eine abschließende Beschreibung des neuen Himmels und der neuen Erde (Kapitel 65-66). Alle diese Themen werden später im Neuen Testament wieder aufgegriffen.

Somit sind die Inhalte in den Kapiteln 40 bis 66 von entscheidender Bedeutung für unser Verständnis des Neuen Testaments. Jesus besaß eine umfassende Kenntnis der alttestamentlichen Schriften. Diese besonderen Kapitel bilden einen Teil der Grundlage für das Selbstverständnis Jesu von seiner Identität und Mission (siehe zum Beispiel Lukas 4,16-21).

Obwohl (oder gerade weil) diese Abschnitte Jahrhunderte vor der Geburt Jesu geschrieben wurden, sind sie für uns heute spannend, ermutigend und relevant. Den Kontext der vorherigen 39 Kapitel bildet das 8. Jahrhundert vor Christus, das mit dem Sieg über den assyrischen König Sanherib endete, zu einer Zeit, als sein Land die vorherrschende Weltmacht war. Doch ab Kapitel 40 ist Babylon in dieser Position, und wir scheinen uns im 6. Jahrhundert zu befinden (dem Zeitalter von Konfuzius, Zarathustra und Buddha). Der Prophet hat seinen Sitz nicht länger in Jerusalem, sondern mitten unter dem Volk Gottes in der babylonischen Gefangenschaft.[14]

Babylonien ist das Gebiet des heutigen südlichen Irak. Babylon war die politische und religiöse Hauptstadt des Babylonischen Reiches, etwa 80 Kilometer südlich des heutigen Bagdad. 605 v. Chr. brachte das babylonische Reich Israel in seine Gewalt und nach einem fehlgeschlagenen jüdischen Aufstand fiel Jerusalem am 16. März 597 v. Chr. In einer Reihe von Deportationen wurden die Israeliten zu Tausenden gefangen genommen; König Zidkija wurden die Augen ausgestochen, und man legte ihn in Ketten und brachte ihn nach Babylon. Außerdem wurden überall Gebäude zerstört, darunter das geistliche und kulturelle Herz der Nation – der Tempel. Israel war gedemütigt, verwirrt und verwüstet.

Das ist die Situation, in die der Prophet hineinspricht. Die Botschaft in Jesaja 40-55 lautet: „Die Gefangenschaft wird bald vorüber sein." Nach Jahrzehnten des Leids würde Babylon vom Perserkönig Kyrus erobert werden, und dieser würde Gottes Volk erlauben, nach Jerusalem zurückzukehren, um ihre Stadt wiederaufzubauen: ein „zweiter Exodus".

Die Botschaft der Wiederherstellung ist für uns heute von großer Bedeutung. Paulus' Worte im Römerbrief beschreiben treffend, was in großen Teilen der heutigen Welt zu geschehen scheint:

„Denn sie haben Gott erkannt, ihn aber nicht als Gott geehrt und ihm nicht gedankt. Sie verfielen in ihrem Denken der Nichtigkeit, und ihr unverständiges Herz wurde verfinstert. Sie behaupteten, weise zu sein, und wurden zu Toren. Sie vertauschten die Herrlichkeit des unvergänglichen Gottes mit Bildern, die einen vergänglichen Menschen und fliegende, vierfüßige und kriechende Tiere darstellen. Darum lieferte Gott sie durch die Begierden ihres Herzens der Unreinheit aus, sodass sie ihren Leib durch ihr eigenes Tun entehrten. Sie vertauschten die Wahrheit Gottes mit der Lüge, sie beteten das Geschöpf an und verehrten es an Stelle des Schöpfers" (Römer 1,21-25).

Seit dem Sündenfall im Garten Eden befindet sich die Menschheit im geistlichen „Exil". Wir alle haben gesündigt und brauchen einen Erlöser. Die Bibel offenbart, dass Gott uns durch Jesus von der Gefangenschaft der Sünde befreien und in die Freiheit führen möchte. In einem spezifischeren Sinn durchläuft die moderne westliche Kultur eine Art „Exilerfahrung". Unsere Gesellschaft hat versucht, Gott auszuschließen, und in vieler Hinsicht ist es ihr gelungen – mit katastrophalen Folgen.

So ist es zum Beispiel – zumindest in Großbritannien – der Fall, dass täglich:

- 20 Schülerinnen schwanger werden, davon 2 unter 13 Jahren.
- 470 Babys durch Abtreibung ermordet werden.
- 17 Frauen vergewaltigt werden.
- 65 Prozent der verkauften oder verliehenen Videos sich mit dem Okkulten, mit Sex oder Gewalt beschäftigen.
- 520 Ehepaare geschieden werden.
- 75 Kinder in das Jugendschutzregister eingetragen werden.
- 90 Kinder in die Obhut öffentlicher Einrichtungen übernommen werden.
- 280 Kinder von zu Hause oder aus Heimen weglaufen.
- 150 Personen vor Gericht wegen Drogenmissbrauchs verurteilt werden.

Alle sechs Sekunden wird ein neues Verbrechen begangen. Zwei Einbrüche und drei Autodiebstähle geschehen alle sechzig Sekunden. In jeder zweiten Minute passiert eine Gewalttat. Alle zwei Minuten werden die Samariter zu Hilfe gerufen. Das England hat einen höheren Anteil an Gefängnisinsassen im Verhältnis zur Bevölkerungsrate als jedes andere Land der EU. Jeder dritte Jugendliche unter 14 Jahren gibt an, regelmäßig Geschlechtsverkehr zu haben. In London stirbt mindestens ein Obdachloser pro Woche. Der Umsatz der Porno-Industrie in England beläuft sich auf 100 Millionen Pfund pro Jahr. Die Kriminalität kostet die britischen Steuerzahler über 5 Milliarden Pfund im Jahr. Es gibt 30.000 christliche Pastoren aller Konfessionen, doch über 80.000 registrierte Hexen und Wahrsager.[15]

Diese Statistiken sind Symptome eines „Exils" von

Gott. Der Theologe und Schriftsteller Tom Wright erläutert den Aspekt des „Exils" im Licht der Tatsache,
dass noch vor nur zwanzig Jahren viele Menschen in
einer „kirchlichen Umgebung" aufwuchsen, grundlegende Bibelgeschichten kannten, die Sonntagsschule
besuchten und regelmäßig zum Gottesdienst gingen:

*„Inzwischen ist es für die Menschen im Westen völ-
lig normal, nicht einen einzigen Gedanken an Gott zu
verschwenden. „Jesus" ist nur ein Spottname. Die
Folge ist – und das lässt sich politisch, künstlerisch,
wirtschaftlich und in allen möglichen Bereichen nach-
weisen –, dass wir als Kultur ins Exil abgleiten.*

*Als Jesus kam, verkündigte er das tatsächliche
Ende des Exils. Die Juden des 1. Jahrhunderts wussten ganz genau, dass alle großen Voraussagen Jesajas,
Jeremias, Hesekiels und anderer Propheten noch nicht
erfüllt worden waren. Der Tempel war noch nicht wieder aufgebaut worden, wie es hätte geschehen sollen.
All diese wunderbaren Dinge wie das Abschütteln der
heidnischen Unterdrücker waren noch nicht geschehen. Also glaubten sie, dass sie sich immer noch im
Exil befanden, und als Jesus kam, tat er es, um an-
zukündigen, dass die lange Nacht des Exils vorüber
war und dass Gott dem Bund treu war."*[16]

Obwohl Jesus es allen Menschen und Völkern ermöglicht hat, von der Sünde frei zu werden, die sie
gefangen hält, kann die Sünde eine unbußfertige Nation oder Kultur noch immer in eine Zeit des Exils
zurückversetzen. Da die westliche Welt eine solche Periode durchlaufen hat, haben viele Christen sich wieder mit diesen Kapiteln beschäftigt. Wir werden nicht
jedes Kapitel, jedoch eine Auswahl betrachten, aus der
sich vieles ableiten lässt, obwohl seit ihrer Aufzeichnung Jahrhunderte vergangen sind. Hier finden wir
Schlüssel für die Antworten auf viele Fragen, die
Menschen heute zum Thema „Erweckung" stellen.

2

Steht eine Erweckung bevor?

(Jesaja 40)

In der letzten Zeit sind in nur wenigen Jahren zahlreiche Bücher und Artikel zum Thema Erweckung geschrieben worden. Einige gehen davon aus, dass wir uns bereits in einer Erweckungszeit befinden; andere meinen, wir ständen kurz vor ihrem Beginn; und wieder andere glauben, dass wir von einer Erweckung weit entfernt sind. Die Schlagzeile im *Guardian* lautete: „Krise in der Kirche", gefolgt von dem Untertitel: „Dramatischer Rückgang der Gottesdienstbesucher". Der Artikel begann mit den Worten: *„Die Church of England traf gestern ein harter Schlag, als neue Statistiken den größten jährlichen Rückgang der Gottesdienstbesucher seit 20 Jahren offenbarten und ein düsteres Bild des Niedergangs an die Tafel zeichneten."*[17]

Am selben Tag lautete die Schlagzeile in der *Church Times:* „Gottesdienstbesuche wieder rückläufig".[18] Es wurde ein deprimierendes Diagramm der rückläufigen Entwicklung seit 1989 gezeigt. Angesichts solcher Schlagzeilen und Artikel kann man leicht entmutigt werden und sich hilflos fühlen. Wo liegt die Wahrheit? Ist eine Erweckung eingetreten? Steht eine Erweckung bevor? Ist Erweckung etwas, das wir planen und durch menschliches Bemühen herbeiführen können? Oder ist sie etwas, das nur Gott initiieren kann? Wenn

ja, sind wir dann nur Zuschauer oder sind wir aufgefordert, in irgendeiner Weise zu reagieren?

„Herr, was den Termin für eine Erweckung betrifft, fänden wir eigentlich den 12. Juni recht günstig."

Jesaja 40 beginnt mit vier Stimmen, die Botschaften verkündigen. Diese Stimmen laden uns ein, den
Blick zu heben und zu sehen, was Gott gerade tut und
was er als Nächstes tun wird. Wir werden aufgefordert, nicht länger auf unsere Probleme hinunterzu-
starren, sondern zu Gott aufzuschauen.

Seht, es ist vorbei (Verse 1-2)

*„Tröstet, tröstet mein Volk, spricht euer Gott. Redet
Jerusalem zu Herzen und verkündet der Stadt, dass ihr
Frondienst zu Ende geht, dass ihre Schuld beglichen*

*ist; denn sie hat die volle Strafe erlitten von der Hand
des Herrn für all ihre Sünden.“*

Viele Menschen haben heute ihr Leben verpfuscht
und würden liebend gern die Gelegenheit zu einem
Neubeginn erhalten. Tatsächlich verkündet die erste
Stimme: „Siehe, die düstere Vergangenheit ist vorüber.“

Das ist die Sprache der Ehe und der Bundesver-
heißung Gottes an sein Volk. Es ist „euer“ Gott, der
spricht, und er spricht „mein Volk“ an. Die Wiederholung des Wortes „trösten“ spricht von einem intensi-
ven Gefühlserlebnis. Das hier verwendete hebräische
Wort für „spricht“ bedeutet „fortwährend reden“. Gott
spricht als ein Liebender, der um sein Volk wirbt und
die Herzen anspricht.

Die Israeliten befanden sich nicht im Exil, weil
Gottes Macht nicht ausgereicht hätte oder weil die babylonischen Götter stärker gewesen wären als der
Gott Israels. Die Gefangenschaft war durch die Sünde
bedingt – genauso wie die Sünde in der modernen
westlichen Gesellschaft die Verbannung aus der Gegenwart Gottes verursacht hat. Jetzt verkündet Gott
Israel, dass sein „Frondienst“ vorüber ist. Das Wort für
„Frondienst“ ist derselbe Begriff wie für den militäri-
schen Pflichtdienst. Gott hat es ihnen nun ermöglicht,
„demobilisiert“ zu werden.

Dasselbe gilt auch für uns. Wir müssen nicht länger
Zwangsrekruten sein und die triste Uniform der alten
sündigen Kultur des Exils tragen, in dem wir in der
Verbannung aus dem Königreich Gottes lebten. In den
Kapiteln 52 und 53 erklärt der Prophet später, wie sowohl Einzelnen als auch einer ganzen Gesellschaft
neue Kleider bereitgestellt und ein neues Leben ermöglicht werden sollen.

Seht, Gott kommt (Verse 3-5)

„Eine Stimme ruft: Bahnt für den Herrn einen Weg durch die Wüste! Baut in der Steppe eine ebene Straße für unseren Gott! Jedes Tal soll sich heben, jeder Berg und Hügel sich senken. Was krumm ist, soll gerade werden, und was hügelig ist, werde eben. Dann offenbart sich die Herrlichkeit des Herrn, alle Sterblichen werden sie sehen. Ja, der Mund des Herrn hat gesprochen."

In jedem Menschen gibt es eine Sehnsucht nach Gott. Paul Johnson schrieb am 6. September 1997 – eine Woche nach dem Tod von Prinzessin Diana – in der *Daily Mail:*

„Die Woge des Mitgefühls für Diana in dieser Woche war ein spontaner, kollektiver, religiöser Akt der Nation. Sie war ein Flehen: ‚Gib uns eine geistliche Dimension. Gib unserem Leben einen Sinn. Zeig uns, dass unsere Existenz mehr bedeutet als Besitzen und Ausgeben und Verdienen und Erwerben!'"

Tief im Innern, ob bewusst oder unbewusst, sehnen wir uns alle danach, die Gegenwart Gottes zu erfahren. Die zweite Stimme ruft aus: „Siehe, Gott kommt."

Sie erklärt, dass der König im Begriff steht, zu seinem Volk zu kommen. In vielen Teilen der Welt bereitet man die Ankunft eines wichtigen Staatsbesuches vor, indem man Straßen baut und Schlaglöcher auffüllt. Wenn Gott kommt, werden Täler aufgefüllt und Berge eingeebnet werden. Die ganze Schöpfung wird vor Freude singen. Markus zitiert diesen Vers zu Beginn seines Evangeliums. Hier ist der Bote, der dem König den Weg ebnen wird, Johannes der Täufer. „Unser Gott" ist jetzt „der Herr", und damit meint Markus Jesus Christus. In Jesaja 40,5 verkündet die Stimme, dass „die Herrlichkeit des Herrn" sich offenbaren wird. Johannes sagt uns in seinem Evangelium, dass die Herrlichkeit Gottes sich in Jesus offenbart, der „vom Vater, voller Gnade und Wahrheit" ausging (Johannes 1,14). Diese zweite Stimme verheißt Gottes Gegenwart in seinem Volk.

Schaut auf Gottes Wort (Verse 6-8)

„Eine Stimme sagt: Verkünde! Ich fragte: Was soll ich verkünden? Alles Sterbliche ist wie das Gras, und all seine Schönheit ist wie die Blume auf dem Feld. Das Gras ist verdorrt, die Blume verwelkt, wenn der Atem des Herrn darüberweht. Wahrhaftig, Gras ist das Volk. Das Gras verdorrt, die Blume verwelkt, doch das Wort unseres Gottes bleibt in Ewigkeit."

In jedem menschlichen Herzen gibt es eine Suche nach Beständigkeit. Stirbt ein Freund, werden wir gezwungenermaßen an die Zerbrechlichkeit des Lebens erinnert. Gibt es überhaupt etwas Bleibendes? Ja, erwidert der Prophet, es gibt etwas Bleibendes. Die dritte Stimme drängt uns: „Schaut auf Gottes Wort."

Nach 38 Jahren Sklaverei waren die Leiter Israels gestorben und eine ganz neue Generation war im Exil geboren worden. Diese Menschen waren sich der Vergänglichkeit ihres Lebens und ihrer Kultur bewusst. Sie brauchten dringend eine beständigere, sichere, lohnende Grundlage für ihre Existenz als Volk.

In ähnlicher Weise wächst auch heute eine Generation ohne kulturelle Sicherheit auf. Es herrscht eine verbreitete Unsicherheit, ob überhaupt irgendeine Autoritätsstruktur oder Institution fähig ist, unserem Leben Sinn und Ziel zu geben.

Statt diese Unsicherheit jedoch offen zu legen, verbergen viele Menschen sie und hängen sich an ihr Geld, ihr Image, ihren Besitz oder ihre Gesundheit. Aber diese Dinge vergehen. So zeigt Gott seinem Volk die Sinnlosigkeit des Bestrebens, sich auf vergängliche und damit letztlich unbefriedigende Grundlagen zu stützen.

„Das Wort unseres Gottes", sagt die Stimme, „bleibt in Ewigkeit." Voltaire, ein Kritiker des Christentums im 18. Jahrhundert, schrieb, die Bibel würde innerhalb der nächsten hundert Jahre veraltet sein und ganz außer Gebrauch kommen. Innerhalb von hundert Jahren nach seinem Tod wurde sein eigener Wohnsitz in Paris in einen Verlag verwandelt, in dem stündlich Bibeln herausgebracht wurden. Heute herrscht ein neuer Hunger nach Jesus und es werden mehr Bibeln verkauft als je zuvor.

Jonathan Edwards, der 1741 in einer Schrift fünf Erkennungsmerkmale für das Werk des Heiligen Geistes in einer Erweckung aufzählte, sagte: *„Der Geist, der auf eine solche Weise wirkt, dass er die Menschen mehr auf die Heiligen Schriften achten lässt und sie fester in ihrer Wahrheit und Göttlichkeit gründet, ist gewiss der Geist Gottes."*[19]

Schaut auf Gott (Verse 9-11)

„Steig auf einen hohen Berg, Zion, du Botin der Freude! Erheb deine Stimme, fürchte dich nicht! Sag den Städten in Juda: Seht, da ist euer Gott. Seht, Gott, der Herr, kommt mit Macht, er herrscht mit starkem Arm. Seht, er bringt seinen Siegespreis mit: Alle, die er gewonnen hat, gehen vor ihm her. Wie ein Hirt führt er seine Herde zur Weide, er sammelt sie mit starker Hand. Die Lämmer trägt er auf dem Arm, die Mutterschafe führt er behutsam."

Wie ist ein solcher Neubeginn möglich? Wie können wir die Gegenwart Gottes erkennen? Wie hören wir das Wort Gottes? Der Prophet deutet auf die ein-

zig mögliche Antwort. Die vierte Stimme sagt einfach:
„Schaut auf Gott."

Die Stimme ruft aus: „Seht, da ... euer Gott." Er ist
mächtig und transzendent. Er herrscht, belohnt und
vergilt (Vers 10). Er ist auch ein immanenter Gott, der
seinem Volk nahe ist, und er ist sanft, so behutsam
wie ein Hirte (Vers 11). Er ist ein Gott der Barmherzigkeit. Im Kreuz Christi sehen wir am klarsten, wie
sich diese beiden Eigenschaften der Gerechtigkeit und
Liebe verbinden.

Nun fährt der Prophet fort, diese Aspekte genauer
zu untersuchen. Zuerst forscht er, wer Gott ist und
was er in dieser Welt und mit seinem Volk tun
möchte. Wer Gott ist, verstehen wir besser, wenn wir
fünf verschiedene Stellen betrachten.

Seht die Schöpfung an (Verse 12-14)

*„Wer misst das Meer mit der hohlen Hand? Wer kann
mit der ausgespannten Hand den Himmel vermessen?
Wer misst den Staub der Erde mit einem Scheffel? Wer
wiegt die Berge mit einer Waage und mit Gewichten
die Hügel? Wer bestimmt den Geist des Herrn? Wer
kann sein Berater sein und ihn unterrichten? Wen
fragt er um Rat, und wer vermittelt ihm Einsicht? Wer
kann ihn über die Pfade des Rechts belehren? Wer
lehrt ihn das Wissen und zeigt ihm den Weg der Erkenntnis?"*

Unser Gott ist der „Schöpfer des Himmels und der
Erde", wie es im apostolischen Glaubensbekenntnis
heißt. Gott ist nicht Teil der Schöpfung, wie einige
Mystiker des *New Age* lehren, sondern von ihr verschieden. Er hält die Ozeane in seiner „hohlen Hand".
Er wiegt die Berge mit einer Waage. Die Welt, die er
erschuf, ist außerordentlich in ihrer Schönheit, Kom-

plexität und Vielfalt. So gibt es zum Beispiel allein 300.000 verschiedene Arten Käfer. Ein schneegefüllter Würfel mit etwa 30 cm Seitenlänge enthält 18 Millionen verschiedene Schneeflocken. Keine zwei Menschen haben dieselben Fingerabdrücke. Als der Dichter William Blake über die Größe Gottes nachdachte, schrieb er, dass dies ihn in die Lage versetzte,

„in einem Sandkorn eine Welt zu sehen
und einen Himmel in einer Wildblume,
die Unendlichkeit in einer Handfläche
und die Ewigkeit in einer Stunde."[20]

Wenn wir eine Welt betrachten, in der die Menschen generell immer weniger über immer mehr wissen, müssen wir einen Schritt zurücktreten und staunen, dass Gott sie erdachte, sie erschuf, sie erhält und sie ihrer Bestimmung entgegenführt. „Seht, da ... euer Gott!"

Seht die Völker an (Verse 15-17)

„Seht, die Völker sind wie ein Tropfen am Eimer, sie gelten so viel wie ein Stäubchen auf der Waage. Ganze Inseln wiegen nicht mehr als ein Sandkorn. Der Libanon reicht nicht aus für das Brennholz, sein Wild genügt nicht für die Opfer. Alle Völker sind vor Gott wie ein Nichts, für ihn sind sie wertlos und nichtig."

Wenn Jesaja die Völker mit einem „Tropfen am Eimer" vergleicht, bezieht er sich wahrscheinlich auf das Tröpfeln vom Rand eines Eimers, wenn er aus dem Brunnen heraufgezogen wird. Sie sind belanglos, unbedeutend. Und das sind auch die Völker vor dem Hintergrund der großen Absichten Gottes.

Er sagt auch, dass sie einem „Stäubchen auf der Waage" gleichen. Wir kümmern uns nicht um Staub auf der Waage, wenn wir etwas wiegen, weil Staub nicht ins Gewicht fällt. Jesaja sagt, dass die Völker kommen und gehen. Das ägyptische Reich ist gekommen und gegangen. Das assyrische Reich des 18. Jahrhunderts ist gekommen und gegangen. Das babylonische Reich des 16. Jahrhunderts ist gekommen und gegangen. Das römische Reich ist gekommen und gegangen. Das britische Reich ist gekommen und gegangen. Das sowjetische Reich ist gekommen und gegangen. Und heute gleichen selbst die Vereinigten Staaten und China einem Tropfen am Eimer im Vergleich zu dem allmächtigen Gott. „Seht, da ... euer Gott!"

Seht die Götzen an (Verse 18-20)

„Mit wem wollt ihr Gott vergleichen und welches Bild an seine Stelle setzen? Der Handwerker gießt ein Götterbild, der Goldschmied überzieht es mit Gold und fertigt silberne Ketten dazu. Wer arm ist, wählt für ein Weihegeschenk ein Holz, das nicht fault; er sucht einen fähigen Meister, der ihm das Götterbild aufstellt, sodass es nicht wackelt."

Fast die Hälfte der Kapitel 40-55 in Jesaja (darunter der größte Teil der Kapitel 41 sowie 44 bis 48) handeln von fremden Göttern. Jesaja fragt: „Mit wem wollt ihr Gott vergleichen?" Er verspottet ein Götzenbild als ein mit Silber und Gold verziertes Stück Holz.

In Kapitel 44 führt er dies ab Vers 16 weiter aus und beschreibt einen Mann, der aus einem Holzpflock ein Götzenbild anfertigt. Mit der Hälfte des Holzes legt er ein Feuer, um sich zu wärmen und Brot zu backen. Aus dem Rest fertigt ein Götzenbild, beugt sich anbetend vor ihm nieder und sagt: „Rette mich, du bist doch mein Gott!" (Jesaja 44,17). Er hat etwas Totes an die Stelle des lebendigen Gottes gesetzt. Der Apostel

Paulus sagte dazu: *„Sie vertauschten die Wahrheit Gottes mit der Lüge, sie beteten das Geschöpf an und verehrten es an Stelle des Schöpfers"* (Römer 1,25).

Jesaja hat die Tatsache begründet, dass Gott der Schöpfer aller Dinge ist und dass an dem, was er erschaffen hat, nichts auszusetzen ist. Tatsächlich sah Gott selbst „alles an, was er gemacht hatte: Es war sehr gut" (1. Mose 1,31). Aber wir sollen erschaffene Dinge nicht anbeten; diese Art von Anbetung ist es, die Jesaja verspottet. Ein großer Teil der zeitgenössischen Gesellschaft greift gute Dinge auf und betet sie an. In der Newage-Bewegung ist die Anbetung Gaias (oder: Gäa) verbreitet, die nach der Erdgöttin antiker griechisch-römischer Mythen benannt ist: die Erde wird als eine „Göttin" oder „Mutter" betrachtet, und manche beten sie als ein lebendiges Wesen an. Andere in unserer Gesellschaft widmen sich der Anbetung des Gottes Mammon (dies ist das hebräische Wort für „Vermögen" oder „Geld"). Andere machen Sex zu ihrem Gott und verehren Aphrodite, die griechische Göttin der Schönheit und der erotischen Liebe. Für wieder andere sind Wissenschaft und Technologie zu einem Gott geworden.

Allen Götzenanbetern sagt Jesaja mit anderen Worten: „Betet keine Götzen an, die umkippen werden. Betet den einzig wahren Gott an, der nicht umkippen wird." Er ist es, der alle Dinge erschuf und nichts lässt sich mit ihm vergleichen. „Seht, da ... euer Gott!"

Seht die großen Herrscher der Geschichte an (Verse 21-24)

„Wisst ihr es nicht, hört ihr es nicht, war es euch nicht von Anfang an bekannt? Habt ihr es nicht immer wieder erfahren seit der Grundlegung der Erde?

*Er ist es, der über dem Erdenrund thront; wie Heu-
schrecken sind ihre Bewohner. Wie einen Schleier
spannt er den Himmel aus, er breitet ihn aus wie ein
Zelt zum Wohnen. Er macht die Fürsten zunichte, er
nimmt den Richtern der Erde jeden Einfluss. Kaum
sind sie gesät und gepflanzt, kaum wurzelt ihr Stamm
in der Erde, da bläst er sie an, sodass sie verdorren;
der Sturm trägt sie fort wie Spreu."*

Gott macht die Herrscher und Machthaber der Welt
zunichte. Wo ist Sanherib? Wo ist Nebukadnezar? Wo
sind Kyrus, Alexander der Große, Napoleon, Hitler
oder Mao? In der Zukunft werden die Menschen dieselbe Frage in Bezug auf die heutigen Leiter, Präsidenten und Premierminister der Welt stellen, seien sie
gut oder böse. Sie vergehen, gerade so, wie in der
Wüste eine grüne Pflanze in nur einem Tag verdorren
und sterben kann. Kein Mensch ist mit Gott zu vergleichen. „Seht, da ... euer Gott!"

Seht die Sterne an (Verse 25-26)

*„Mit wem wollt ihr mich vergleichen? Wem sollte ich
ähnlich sein?, spricht der Heilige. Hebt eure Augen in
die Höhe und seht: Wer hat die Sterne dort oben erschaffen? Er ist es, der ihr Heer täglich zählt und her-
aufführt, der sie alle beim Namen ruft. Vor dem All-
gewaltigen und Mächtigen wagt keiner zu fehlen."*

Es ist eine universell Ehrfurcht erweckende Erfah-
rung, die Sterne zu betrachten. Der Dichter Lord
Byron bezeichnete sie als „Gedicht des Himmels".
Schon immer haben sie die Menschen fasziniert. Die
Sterne sind Gegenstand eines beträchtlichen Teils der
Wissenschaft und Forschung und inspirieren Dich-
tung und Romantik. Unser Stern ist einer von 100.000
Sternen unserer Galaxie (der Milchstraße). Und unsere

Galaxie ist eine von über 100.000 Galaxien. Die Babylonier beteten die Sterne an, Gott aber erschuf sie. „Seht, da ... euer Gott!"

*Mensch, Jennifer, das ist ...
das ist sogar noch besser
als „Traumhochzeit".*

Seht: Er ist ein Gott, der Kraft austeilt
(Verse 27-31)

„Jakob, warum sagst du, Israel, warum sprichst du: Mein Weg ist dem Herrn verborgen, meinem Gott entgeht mein Recht? Weißt du es nicht, hörst du es nicht? Der Herr ist ein ewiger Gott, der die weite Erde erschuf. Er wird nicht müde und matt, unergründlich ist seine Einsicht. Er gibt dem Müden Kraft, dem Kraftlosen verleiht er große Stärke. Die Jungen werden müde und matt, junge Männer stolpern und stürzen. Die aber, die dem Herrn vertrauen, schöpfen neue

Kraft, sie bekommen Flügel wie Adler. Sie laufen und werden nicht müde, sie gehen und werden nicht matt."

Nun konzentriert sich Jesaja auf das, was Gott in seiner Welt und mit seinem Volk tun möchte. Im letzten Teil von Kapitel 40 wird uns gesagt: „Seht: Er ist ein Gott, der seine Macht teilt."

Erschöpft durch ihre Jahre im Exil waren die Israeliten voller Angst und fühlten sich verlassen. Ihre Stimmung glich der vieler Christen heute: mutlos, verzagt und verzweifelt. Sie hatten das Gefühl, dass Gott nichts von ihrer düsteren Erfahrung wusste, geschweige denn genug Anteil nahm, um ihnen zu helfen.

Jesaja stellt zwei Fragen. Erstens: Haben wir die richtige Sicht von Gott? In Vers 28 fasst er zusammen, was er bisher gesagt hat: *„Der Herr ist ein ewiger Gott, der die weite Erde erschuf. Er wird nicht müde und er ist voller Weisheit."*

Dann stellt er eine zweite entscheidende Frage: Haben wir die richtige Sicht von dem, was Gott mit unserem Leben anfangen möchte? Er ist ein Gott, der Kraft gibt. Er verleiht denen Stärke, die durch die Belastungen des Lebens müde und matt geworden sind. Er gibt den Schwachen Kraft, denen es an innerer Stärke fehlt. Wir alle werden müde und erschöpft – selbst junge Menschen. Wir alle stolpern und fallen – selbst erfolgsgewohnte Führungstypen. Doch denjenigen, die „dem Herrn vertrauen", also die Menschen, die in einer Beziehung zu Gott leben, gibt er diese erstaunliche Verheißung. Gott wird ihnen seine Kraft austeilen und ihre Stärke erneuern. In Vers 31 wird die Verheißung in drei Teilen gegeben.

Erstens werden sie „Flügel wie Adler" bekommen. Ich hörte den amerikanischen Gemeindeleiter Everett Fullam einmal über Adler predigen. Er sagte:

„Adler fliegen nicht – wenn man darunter das

Schlagen mit den Flügeln versteht, um von einem Ort zum anderen zu gelangen. Andere Vögel tun das, Adler aber nicht. Sie besitzen die angeborene Fähigkeit, Windströmungen wahrzunehmen. Sie bewegen sich nirgendwohin, bis die richtige Brise kommt. Wenn sie kommt, überlassen sie sich ihr und schweben, getragen vom Wind. Sie brauchen nicht mit den Flügeln zu schlagen (wie unbeholfen!) – Adler haben die Fähigkeit, ihre Flügel in einer bestimmten Stellung zu versteifen. Sie reiten einfach auf dem Wind. Andere Vögel scheuen sich vor Stürmen. Adler lieben einen Sturm. Er bringt sie immer höher und höher hinauf.

Viele Christen leisten ihren Dienst für den Herrn im

*Schweiß ihres Angesichts. Sie gehören zum „Klub der
weißen Knöchel". Sie „arbeiten" wirklich für Gott, wie
ein Truthahn. Haben Sie Truthähne je fliegen sehen?
Sie schlagen sich die Flügel aus dem Leib, nur um von
einer Seite des Hofs auf die andere zu gelange.*

*Dabei heben sie kaum vom Boden ab. „Adlerchris-
ten" dienen nicht zähneknirschend oder im Schweiß
ihres Angesichts. Es ist ein Dienst aus der Kraft
Gottes, getragen vom Wind des Heiligen Geistes –
indem sie seine Absichten erkennen und dann darauf
eingehen, und nicht versuchen, ihren Wegen seinen
Segen aufzudrücken."*[21]

Das bedeutet nicht, dass wir nicht hart arbeiten
sollten, sondern dass wir keinen Schritt weiterkom-
men, solange wir Gottes Werk nicht in seiner Kraft
tun.

Zweitens werden sie *„laufen und nicht müde [wer-
den], sie gehen und werden nicht matt"* (Vers 31). Sie
werden voller Dringlichkeit laufen. In der letzten Zeit
wächst unter den Christen das Bewusstsein, dass es an
der Zeit ist zu handeln. Wir müssen auf die dringende
Notwendigkeit eingehen, die Botschaft des Evangeliums in die Welt hinauszubringen. Gott verleiht uns
Kraft nicht nur für schnelle Sprints, sondern Aus-
dauer, damit wir den Lauf vollenden.

Drittens befähigt er uns, trotz Widerstand in Geduld
voranzugehen. Wer auf den Herrn vertraut, gibt nicht
auf, sondern erhält die Kraft durchzuhalten.

Wir sehen also, dass Erweckung ein souveränes
Werk Gottes ist und seiner Größe und Kraft entspringt.
Duncan Campbell schreibt: *„Unter Anerkennung der
Verantwortung des Menschen als Handelndem wurde
immer wieder auf die völlige Sinnlosigkeit menschlicher Bemühungen ohne die mächtige Manifestation
göttlicher Kraft aufmerksam gemacht."*[22]

Unsere Zuversicht, dass eine Erweckung bevorsteht,

beruht auf Gottes Verheißung: auf seinem Wort und seinem Wesen. Er hat sich als ein Gott offenbart, der sein Volk belebt. Er allein kann eine wahre Erweckung bewirken. Und das ist es, was zu tun er versprochen hat. Dennoch geschieht sie nicht unabhängig von Menschen. Wir haben eine Rolle zu spielen. In den folgenden Kapiteln werden wir einige Arten von Reaktionen betrachten, zu denen wir aufgerufen sind.

3

Wen wird Gott gebrauchen?

Jesaja 49,1-7

Alle wahren Nachfolger Jesu Christi sehnen sich danach, von Gott gebraucht zu werden. Wenn die Erweckung kommt, möchten wir unbedingt daran beteiligt sein. Wie können wir uns einbringen? Wie können wir seine Diener sein?

Der Finanzminister Äthiopiens (der heutige Nord-Sudan) befand sich auf dem Heimweg von Jerusalem, und zwar in einer Karosse im Stil eines heutigen Rolls Royce mit Chauffeur.

In Jerusalem hatte er zu einem hohen Preis eine Kopie der Jesaja-Rolle gekauft. Der Evangelist Philippus kam vorbei und fragte: *„Verstehen Sie, was Sie da lesen?"* Der Finanzminister erwiderte: *„Wie kann ich das, wenn es mir niemand erklärt?"*, und er lud Philippus ein mitzufahren. Er las gerade den Abschnitt über den „Knecht Gottes" (Jesaja 53,7-8). Er bat: *„Bitte sagen Sie mir, von wem der Prophet hier spricht. Von sich selbst oder von einem anderen?"* Darauf begann Philippus mit genau diesem Abschnitt und erklärte ihm die Gute Nachricht von Jesus. Der Finanzminister bekehrte sich und ließ sich taufen, und die Kirche in Afrika nahm ihren Anfang (siehe Apostelgeschichte 8,26 ff.). Es war eine gute Frage, die dieser Sudanese stellte, und seither wurde viel Tinte verströmt, um sie zu erörtern.

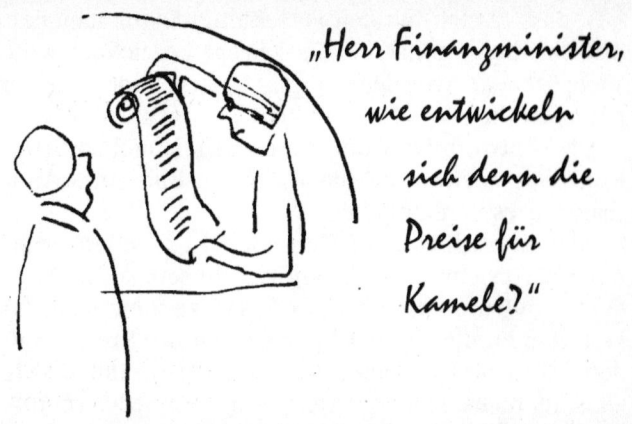

„Herr Finanzminister, wie entwickeln sich denn die Preise für Kamele?"

Der Titel „Knecht des Herrn" stellt eine große Ehre dar und ist denen vorbehalten, die in enger Beziehung zu Gott leben, wie Abraham, Mose und David (z.B. 1. Mose 26,24; 2. Mose 14,31; 2. Samuel 7,5). Aber in den vier „Liedern vom Knecht des Herrn" (Jesaja 42,1-4; 49,1-7; 50,4-9; 52,13-53,12) wird ein ganz bestimmtes Konzept von Knechtschaft deutlich.

In einigen Abschnitten ist der Begriff klar auf Israel bezogen (z.B. Jesaja 42,19; 48,20; 49,3). Viele jüdische Gelehrte vertreten immer noch die Auffassung, dass mit dem Knecht einfach das Volk Israel gemeint ist. Doch in einigen Abschnitten scheint es sich bei dem Knecht um eine einzelne Person zu handeln (z.B. 49,1-2.5). Außerdem hat der Knecht einen Dienst und eine Mission in Bezug auf Israel (Vers 5b). Wer kann dieser Knecht sein? 1921 ging der Alttestamentler Mowinckel davon aus, dass es sich um den Propheten selbst handelte. 1931 verwarf er diese Auffassung, weil er erkannte, dass sie die höchst unwahrscheinliche Annahme einschloss, dass er seinen eigenen Tod beschrieb (52,10-53,12). Andere vermuteten, dass es der Prophet Jeremia war. Wieder andere gingen davon

aus, dass es sich um den Perserkönig Kyrus handelte,
obwohl dieser sonst nie als Knecht bezeichnet wird.
Viele Namen wurden vorgeschlagen, doch keiner
passt wirklich.

Die Antwort ist wohl wesentlich komplexer. Das
Konzept des „Knechts" lässt sich am Bild eines And-
reaskreuzes verdeutlichen.

Ursprünglich verband Gott mit der ganzen Menschheit die Absicht, dass sie sein Knecht sein sollte. Nach
dem Sündenfall erwählte Gott das gesamte Volk Israel, ihm zu dienen (der breiteste Teil des Kreuzes auf
der linken Seite). Doch selbst sein auserwähltes Volk
war ihm nicht treu. So verengte sich der Schwerpunkt,
bis nur noch ein treuer „Überrest" geblieben war.
Letztlich erwies sich nur ein Einziger als absolut treu
(der mittlere Teil des Kreuzes): Jesus. Jesus offenbarte,
was Israel hätte sein sollen. Er wurde als ein Israelit
nach Israel gesandt. Er wurde total mit seinem Volk
identifiziert und war doch anders. Kein König und
kein Prophet entspricht in allen Abschnitten der Beschreibung des „Gottesknechts". Jesus tut es – in vollkommener Weise.

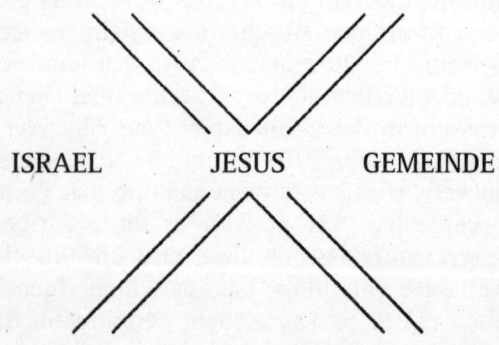

ISRAEL   JESUS   GEMEINDE

Wo Israel versagte, siegte Jesus. Ebenso ist es Gottes Plan, dass die Gemeinde durch den Sieg Christi und die Kraft des Heiligen Geistes siegreich sein kann und sollte. So weitet sich das Andreaskreuz wieder, indem die Glieder der Gemeinde Jesu Christi zu Knechten Gottes werden.

Die Abschnitte über den Gottesknecht lassen sich also auf drei Ebenen anwenden. Auf der einen Ebene lassen sie sich auf Israel oder auf einen Überrest in Israel beziehen. Auf dieser Ebene hat Israel versagt. Auf einer anderen Ebene kann man sie im Hinblick auf Jesus, den vollkommenen Gottesknecht, deuten. In ihm finden die Prophetien ihre vollständige Erfüllung. Doch diese Abschnitte lassen sich auch auf die Kirche beziehen und auf unsere Berufung, jetzt die Knechte oder Diener Gottes zu sein. Die Apostel bezeichneten sich selbst und die Gemeinde häufig als Knechte Gottes oder Diener Christi (z.B. Apostelgeschichte 4,29; Römer 1,1; 1. Korinther 4,1; Philipper 1,1). Wir müssen diesen Abschnitt in Jesaja auf allen drei Ebenen lesen, um unseren Teil darin zu erkennen und zu überlegen, wie wir darauf reagieren sollen.

Jesajas Prophetie hallt durch die Geschichte und wechselt übergangslos zwischen Vergangenheit, Gegenwart und Zukunft hin und her. Manchmal betracht er Israel, manchmal Jesus und manchmal sein Volk, die Gemeinde, im Lauf der Geschichte. Sobald wir das verstehen, können wir die Rolle des Gottesknechts besser verstehen und sie auch tatsächlich annehmen.

Wozu ist der Knecht aufgefordert? In Jesaja 49,1-6 umreißt der Prophet drei Hauptaufgaben von enormer Bedeutung für die gesamte Welt. Sie sind die Erkennungszeichen der Knechte Gottes.

Diejenigen, die Gottes Wort aussprechen
(Verse 1-2)

„Hört auf mich, ihr Inseln, merkt auf, ihr Völker in der Ferne! Der Herr hat mich schon im Mutterleib berufen; als ich noch im Schoß meiner Mutter war, hat er meinen Namen genannt. Er machte meinen Mund zu einem scharfen Schwert, er verbarg mich im Schatten seiner Hand. Er machte mich zum spitzen Pfeil und steckte mich in seinen Köcher."

Zuerst ist der Knecht berufen, Gottes Wort zu verkünden. Der Prophet fordert die ganze Welt auf, die „Inseln" und die „Völker in der Ferne", ihm zuzuhören (Vers 49,1a). Seine Berufung dazu liegt sogar noch vor seiner Geburt: *„Der Herr hat mich schon im Mutterleib berufen; als ich noch im Schoß meiner Mutter war, hat er meinen Namen genannt"* (49,1b).

Das gilt auch für Jeremia. Gott sagte zu ihm: *„Noch ehe ich dich im Mutterleib formte, habe ich dich ausersehen, noch ehe du aus dem Mutterschoß hervorkamst, habe ich dich geheiligt, zum Propheten für die Völker habe ich dich bestimmt"* (Jeremia 1,5). Dasselbe galt natürlich für Jesus, der durch die Kraft des Heiligen Geistes empfangen wurde. Vor seiner Geburt wurde sein Vater Josef aufgefordert: *„Ihm sollst du den Namen Jesus geben; denn er wird sein Volk von seinen Sünden erlösen"* (Matthäus 1,21). Und es galt für den Apostel Paulus, der schrieb, dass Gott *„mich schon im Mutterleib auserwählt und durch seine Gnade berufen hat"* (Galater 1,15).

Der Knecht ist nicht nur berufen, sondern wird auch für die Aufgabe ausgerüstet. Im ersten Abschnitt über den Gottesknecht sagt Gott: *„Seht, das ist mein Knecht, den ich stütze; das ist mein Erwählter, an ihm finde ich Gefallen. Ich habe meinen Geist auf ihn gelegt..."* (Jesaja 42,1). Er wird dazu ausgerüstet zu sprechen. *„Er machte meinen Mund zu einem scharfen Schwert" (Jesaja 49,2).* Im dritten Abschnitt über den Gottesknecht sagt der Knecht: *„Gott, der Herr, gab mir die Zunge eines Jüngers, damit ich verstehe, die Müden zu stärken durch ein aufmunterndes Wort"* (Jesaja 50,4a).

Denselben Gedanken hat Paulus, wenn er das „Schwert des Geistes" als das „Wort Gottes" beschreibt (Epheser 6,17). Ebenso sagt der Schreiber des Hebräerbriefs: *„Lebendig ist das Wort Gottes, kraftvoll und schärfer als jedes zweischneidige Schwert; es dringt durch bis zur Scheidung von Seele und Geist, von Gelenk und Mark; es richtet über die Regungen und Gedanken des Herzens"* (Hebräer 4,12). In höchstem Maß hatten die Worte Jesu diese Wirkung (siehe zum Beispiel Lukas 7,36-50 und Johannes 8,2-11).

Im Buch der Offenbarung beschreibt der Apostel Johannes eine Vision Jesu, in der er *„aus seinem Mund ... ein scharfes, zweischneidiges Schwert"* kommen sah (Offenbarung 1,16). Wir, die Gemeinde, wurden mit der guten Nachricht ausgerüstet, die in das Herz des menschlichen Problems trifft. Als Petrus am Pfingsttag das Evangelium predigte, traf es die Menschen „mitten ins Herz" (Apostelgeschichte 2,37).

Der Prophet geht nun weiter vom Bild des Schwertes zu dem des Pfeils. *„Er machte mich zum spitzen Pfeil und steckte mich in seinen Köcher"* (49,2b). Ein guter Pfeil ist schnell und trifft direkt ins Ziel. Er ist von verheerender Effizienz. Aber es erfordert Zeit, Geschick und Präzision, einen richtigen Pfeil herzustellen. Zuerst wird er grob aus einem Holzpflock geschnitten. Dann wird er gefeilt. Anschließend wird er mit Sandpapier geschliffen. Zum Schluss wird er poliert. Auch in unserem Leben gibt es einen Verfeinerungsprozess, in dem Gott uns formt und reinigt, damit wir ihm besser dienen können. Jede Unvollkommenheit eines Pfeils wird verhindern, dass er so fliegt, wie der Schütze es beabsichtigte.

Darüber hinaus werden Schwert und Pfeil vielleicht nicht augenblicklich verwendet: *„Er verbarg mich im Schatten seiner Hand ... und steckte mich in seinen Köcher"* (Vers 2). Die Diener Gottes durchleben oft „verborgene Jahre", eine Zeit der Vorbereitung. Im Buch Genesis wird beschrieben, dass Josef im Alter von 17 Jahren eine Vision hatte, was Gott mit seinem Leben beabsichtigte. Dreizehn Jahre der Sklaverei, des Leids und der Gefangenschaft folgten, bevor er schließlich im Alter von 30 Jahren Premierminister von Ägypten wurde. Er war der Mann, den Gott einsetzte, um das ganze Volk Israel zu retten. Jesus selbst durchlief eine Zeit von 30 verborgenen Jahren in Nazareth sowie 40 Tage allein in der Wüste, bevor er seinen öffentlichen Dienst begann. Der Apostel Paulus scheint nach seiner dramatischen Bekehrung 14 Jahre der Vorbereitung durchlaufen zu haben, bevor er seinen eigentlichen Dienst begann (Galater 2,1). Diese Beispiele sollten uns ermutigen, wenn wir uns frustriert oder von Gott zu wenig gebraucht fühlen. Solche Zeiten des Wartens sind keine verschwendeten Zeiten, sondern dienen dazu, unsere Erkenntnis Gottes und unsere innige Beziehung zu ihm zu vertiefen. Unter Umständen verwendet Gott tatsächlich viele Jahre darauf, uns vorzubereiten und für einen ganz bestimmten Zeitpunkt zu schulen, den er im Sinn hat.

„Verborgene" Jahre sind keine vergeudeten Jahre. Die Zeit, in der Jesus als Zimmermann arbeitete, war nicht verschwendet. In diesen Jahren tat er den Willen seines Vaters. In derselben Weise ist es auch unsere Berufung, wie er zu handeln, zu denken und zu reden. Wer von Gott berufen ist, in der säkularen Welt eine Tätigkeit auszuüben – ob selbstständig, als Angestellter oder in sonstigen Aufgaben wie etwa als

„Hallo, ich möchte mit dem Erzbischof über meine Zukunft sprechen."

Mutter –, sollte nicht das Gefühl haben, seine Tätigkeit sei unwichtig oder bedeutungslos. Arbeit ist grundsätzlich gut (1. Mose 2,15). Für die meisten Christen wird der Hauptteil ihres Dienstes für Christus darin bestehen, das Wohl der Gemeinschaft zu fördern und Gott zu verherrlichen. Gott übertrug seinem Diener Israel die Aufgabe, den Völkern sein Wort zu verkünden. Israel versagte. Jesus, der vollkommene Diener, erfüllte sie ganz. Jetzt sind wir, die Kirche, als seine Diener berufen, uns Jesus in dieser Aufgabe anzuschließen. Wir werden von Gott berufen, ausgerüstet und vorbereitet, dieser Generation die gute Nachricht des Evangeliums zu sagen.

Diejenigen, die Gottes Wort ausleben (Vers 3)

„Er sagte zu mir: Du bist mein Knecht, Israel, an dem ich meine Herrlichkeit zeigen will."

Der Diener ist berufen, anderen Menschen vor Augen zu führen, wie Gott ist (Vers 3). Der Ausdruck „meine Herrlichkeit zeigen" erscheint dreizehnmal im Alten Testament, darunter neunmal in Jesaja. In anderen Fällen zeigt Gott durch das, was er für das Volk tut, „wie herrlich er ist" (Jesaja 44,23; 60,21), doch hier geschieht es durch das, was sie für ihn tun. Hier wird der Knecht (Singular) ausdrücklich als Israel bezeichnet. Gott hatte beabsichtigt, durch das Volk seine Herrlichkeit zu zeigen. Doch Israel hatte seine Absichten nicht erfüllt und Gottes Herrlichkeit der Welt nicht gezeigt.

Israel hatte versagt. Nur Jesus hat durch sein Leben, seinen Tod und seine Auferstehung die Herrlichkeit Gottes in vollkommener Weise widergespiegelt. Johannes sagte über Jesus: *„Wir haben seine Herrlichkeit gesehen"* (Johannes 1,14). Darauf gehen wir zu: *„Wir alle spiegeln mit enthülltem Angesicht die Herrlichkeit des Herrn wider und werden so in sein eigenes Bild verwandelt, von Herrlichkeit zu Herrlichkeit, durch den Geist des Herrn"* (2. Korinther 3,18).

Der amerikanische Präsident Abraham Lincoln sprach über einen Mann im höheren Dienst, der sich um einen Posten in seiner Regierung beworben hatte. Er sagte zu seinen Ratgebern: *„Wir werden ihn nicht nehmen – mir gefällt sein Gesicht nicht."* Seine Ratgeber erwiderten: *„Für sein Gesicht ist er nicht verantwortlich."* Worauf Lincoln zurückgab: *„Doch, das ist er – jeder über vierzig ist für sein Gesicht verantwortlich!"*

Gottes Herrlichkeit oder Pracht ist das, was von seinem Charakter nach außen ausstrahlt. Unsere Gesichter erfüllen dieselbe Funktion. Sie spiegeln wider, was in unserem Innern geschieht. Wir brauchen nicht direkt an unseren Gesichtern zu arbeiten, aber wir können zulassen, dass Gott an unserem Charakter

„*Und jetzt Lied Nr. 52*"

arbeitet. Wir sind berufen, in das Ebenbild Jesu Christi verwandelt zu werden (Römer 8,29). Wenn wir „im Einklang mit dem Heiligen Geist" leben und gehorsam tun, was immer Gott uns zu tun aufgibt, dann wächst die Frucht des Geistes Gottes in unserem Leben (siehe Galater 5,22-25) und Gottes Herrlichkeit strahlt aus uns heraus.

Malcolm Muggeridge beschrieb seine erste Begegnung mit Mutter Teresa so:

„Als meine Augen sie das erste Mal erblickten, was inzwischen etwa fünfzehn Jahre her ist – der Anlass war ein ungezwungenes Fernsehinterview –, erkannte ich sofort, dass ich mich in Gegenwart eines Menschen von einzigartigem Wesen befand. Es lag nicht an ihrer Erscheinung, die schlicht und unauffällig ist, sodass Begriffe wie ‚Scharm' oder ‚Charisma' sich nicht eignen, um sie zu beschreiben. Noch lag es an ihrem Scharfsinn oder ihrer raschen Auffassungsgabe, obwohl diese sehr ausgeprägt sind; und es lag nicht einmal an ihrer offensichtlichen Frömmigkeit und wahren Demut und ihrem bereitwilligen Lachen. Es gibt in einem der Psalmen eine Formulierung, die mir

*immer ihre Gegenwart in Erinnerung ruft: ‚die Schön-
heit der Heiligkeit' – jene besondere Schönheit, eine
Art durchscheinender Glanz, die durch ein Leben her-
vorgerufen wird, das dem liebenden Gott und Seiner
Schöpfung völlig hingegeben ist.*"[23]

Indira Gandhi (1917-1984), die von 1966 bis 1977
und von 1980 bis 1984 indische Premierministerin
war, schrieb über Mutter Teresa: *„Ihr zu begegnen
heißt, sich ganz und gar demütig zu fühlen, die Kraft
der Sanftheit, die Stärke der Liebe zu spüren ... Sanft-
mut, Liebe, Mitgefühl strahlen von ihrer zierlichen
Person aus."*

Mutter Teresa arbeitete 48 Jahre lang im Schmutz
der Slums von Kalkutta. In ihrer Gemeinschaft war sie
die Erste, die morgens aufstand – es sei denn, die
Schwestern hatten ihren Wecker versteckt. Sie sagte:
*„Ich möchte als Erste aufwachen und Jesus sehen ...
ich tue meine Arbeit mit Jesus. Ich tue sie für Jesus
... Und deshalb sind es Seine Resultate, nicht meine."*
Am 5. September 1997 starb sie im Alter von 87 Jahren in Kalkutta. Sie hatte keine Angst vor dem Sterben, denn der Tod, sagte sie, *„bedeutet heimzukehren."*

Mary Kenny schloss ihren Nachruf in der Zeitschrift
The Independent am 6. September 1997 mit den Worten: *„Sie veränderte die Welt, in die sie hineingeboren
worden war: auf fantasievolle, inspirierende und in
vieler Hinsicht praktische Weise beeinflusste sie das
Leben von Millionen von Menschen: und sie brachte in
der Tat etwas Schönes für Gott zu Stande."*

Nicht nur als Einzelne, sondern auch als christliche
Gemeinschaft sind wir berufen, „seine Herrlichkeit
auszustrahlen." Wenn wir gemeinsam als Christen
leben, werden wir erkennen, dass Gott in uns und
unter uns lebt.

* Diejenigen, die hinausgehen (Verse 4-7)

„Ich aber sagte: Vergeblich habe ich mich bemüht, habe meine Kraft umsonst und nutzlos vertan. Aber mein Recht liegt beim Herrn und mein Lohn bei meinem Gott. Jetzt aber hat der Herr gesprochen, der mich schon im Mutterleib zu seinem Knecht gemacht hat, damit ich Jakob zu ihm heimführe und Israel bei ihm versammle. So wurde ich in den Augen des Herrn geehrt, und mein Gott war meine Stärke. Und er sagte: Es ist zu wenig, dass du mein Knecht bist, nur um die Stämme Jakobs wieder aufzurichten und die Verschonten Israels heimzuführen. Ich mache dich zum Licht für die Völker; damit mein Heil bis an das Ende der Erde reicht. So spricht der Herr, der Befreier Israels, sein Heiliger, zu dem tief verachteten Mann, dem Abscheu der Leute, dem Knecht der Tyrannen: Könige werden es sehen und sich erheben, Fürsten werfen sich nieder, um des Herrn willen, der treu ist, um des Heiligen Israels willen, der dich erwählt hat.“

Drittens ist der Knecht berufen, ein Segen für die Welt zu sein. Er hat eine herrliche und hohe Berufung: er soll „den Völkern das Recht" (Jesaja 42,1) und schließlich Gottes „Heil bis an das Ende der Erde" (49,6) bringen. Bei einer so wichtigen Aufgabe könnte man leicht entmutigt werden. Dies geschieht besonders, wenn Gottes Diener sich auf ihre eigene Kraft und nicht auf seine verlassen. *„Ich aber sagte: Vergeblich habe ich mich bemüht, habe meine Kraft umsonst und nutzlos vertan. Aber mein Recht liegt beim Herrn und mein Lohn bei meinem Gott"* (Vers 4).

Dies entspricht wieder der biblischen Vorgabe für Gottes Diener. Zuerst die Verheißung, dann die Schwierigkeiten und zum Schluss die Erfüllung. Abraham wurde zum Beispiel ein Kind verheißen, aber die

Zeit verging, ohne dass etwas geschah. Erst viele
Jahre später ging die Verheißung in Erfüllung. Mose
wurde berufen, Gottes Volk aus Ägypten heraus und
in das verheißene Land zu führen. Doch alles lief völlig verkehrt, bevor die Verheißung sich erfüllte: Zuerst
wollte der Pharao das Volk nicht aus Ägypten fortlas-
sen, und dann folgten vierzig Jahre der Wanderung
durch die Wüste. Jesus selbst musste Entmutigung erleben, als so viele ihn verließen und sich abwandten.
Zu Recht hätte er Frustration, Hoffnungslosigkeit und
Verzweiflung empfinden können. Eine Zeit der Prüfung bietet Gott eine Gelegenheit, unseren Glauben zu
entwickeln. In solchen Zeiten müssen wir sagen:
*„Aber mein Recht liegt beim Herrn und mein Lohn bei
meinem Gott"* (Vers 4b). Gott belohnt Treue und nicht
Resultate.

Oft müssen wir eine Zeit der Prüfung durchlaufen,
weil Gottes Vision weit größer ist als unsere. Der
Knecht hat gesprochen. Nun spricht Gott zum Knecht.
Die Berufung besteht nicht einfach darin, „Jakob zu
ihm heimzuführen und Israel bei ihm zu versammeln." Gott sagt: *„Ich berufe dich zu etwas, das uner-
messlich größer ist als alles, was du dir je vorgestellt
hast."* Er beruft den Diener nicht nur dazu, Gottes
Volk zu ihm zurückzuführen, sondern ein „Licht für
die Völker" zu sein und seine Erlösung bis an das
Ende der Erde zu bringen. Dies war Gottes ursprüng-
liche Berufung an das Volk Israel. Sie sollten der
ganzen Welt als Vorbild dienen. Wieder versagten sie.
Nur in Jesus, dem vollkommenen Israeliten, wurde die
Prophezeiung erfüllt. Als Simeon Jesus als Baby in
seinen Armen hielt, erkannte er, dass er derjenige war,
der „ein Licht, das die Heiden erleuchtet" (Lukas 2,32)
sein sollte. Der Apostel Paulus benutzte diesen Vers
immer wieder, wenn die Juden wütend waren, weil die
„gewöhnlichen" Menschen in Kleinasien begeistert

auf seine Botschaft eingingen (z. B. Apostelgeschichte 13,47).

Jesus gab seinen Jüngern den Auftrag: „Geht zu allen Völkern, und macht alle Menschen zu meinen Jüngern" (Matthäus 28,18-19). Auch heute dürfen wir, die Kirche, diese weltweite Vision nie aus den Augen verlieren. Wir sind berufen, „ein Licht für die Völker" zu sein und Gottes Erlösung „an das Ende der Erde" zu tragen (Jesaja 49,6).

Es liegt immer noch ein langer Weg vor uns. Die gesamte Bibel wurde in etwa 350 Sprachen übersetzt. In etwa 2.000 Sprachen liegt zumindest ein Buch der Bibel vor, doch in über 4.000 Sprachen gibt es kein einziges biblisches Buch zu lesen. Diese Gruppe umfasst über 350 Millionen Menschen. Es gibt noch immer viele Menschen, die nie das Evangelium gehört haben. Wir dürfen nie unsere Berufung aus dem Blick verlieren, Gottes Licht und seine Erlösung an das Ende der Erde zu tragen. Mit der modernen Technologie ließe sich das heute besser denn je verwirklichen.

Die erfreuliche Nachricht ist, dass nie zuvor in der Geschichte ein so hoher Anteil der Weltbevölkerung

„…hinzu kommt natürlich noch unser Hauskreis."

mit dem Evangelium in Berührung gekommen ist. Man schätzt, dass 170 Millionen Christen beschlossen haben, täglich für Erweckung zu beten. Schon heute wächst die Gemeinde weltweit schneller als je zuvor und das Christentum gewinnt mehr Anhänger als jede andere Religion. Es wächst in der Tat dreimal so schnell wie die Bevölkerungsrate. In den vergangenen Jahren sind im Iran mehr Moslems zum christlichen Glauben gekommen als in den letzten tausend Jahren zusammen. In Afrika werden täglich 20.000 Menschen Christen. Manche schätzen, dass es heute allein in China 100 Millionen Christen gibt.

Dieses erstaunliche Potenzial hat allerdings einen Preis. Der Prophet lenkt den Blick nun auf einen einzigen Knecht. In Vorausdeutung auf Jesaja 53 spricht er von „dem tief verachteten Mann, dem Abscheu der Leute" (Jesaja 49,7). In jedem Lied über den Knecht des Herrn steigert sich dieses Element des Leidens. Im dritten Lied (Jesaja 50,6) wird der Knecht auf gerichtliche Anordnung ausgepeitscht, grundlos gequält und persönlich gedemütigt. Jesus wusste, was es heißt, der leidende Knecht Gottes zu sein. Er sagte: *„Denn auch der Menschensohn ist nicht gekommen, um sich dienen zu lassen, sondern um zu dienen und sein Leben hinzugeben als Lösegeld für viele"* (Markus 10,45).

Wer sich selbst erniedrigte, den hat Gott erhöht (Philipper 2,8-9). Der Diener hat Gottes Herrlichkeit gezeigt (Jesaja 49,3). Nun verherrlicht Gott den Diener (Vers 7). Der Prophet sagt in Bezug auf diesen Knecht: *„Könige werden es sehen und sich erheben, Fürsten werfen sich nieder, um des Herrn willen, der treu ist, um des Heiligen Israels willen, der dich erwählt hat"* (Vers 7). Dies erfüllte sich, als die Weisen kamen, um Jesus anzubeten (Matthäus 2,1-12). Es erfüllte sich im 4. Jahrhundert, als Konstantin der erste römische Kaiser wurde, der die Knie vor Jesus beugte. Es erfüllte sich 988, als Wladimir der erste russische Prinz wurde, der den christlichen Glauben annahm. Es erfüllte sich immer wieder in den vergangenen 200 Jahren, wenn afrikanische Könige und Prinzen vor dem König der Könige die Knie beugten. Vielleicht werden wir in den nächsten hundert Jahren erleben, wie der Kaiser von Japan oder der König von Saudiarabien Jesus anbeten wird. Ob wir das heute tun oder nicht: eines Tages wird jeder vor Jesus die Knie beugen. In der Zukunft werden Pilatus, Herodes, Hannas, Kaiphas, Alexander der Große, Napoleon, Hitler, Saddam Hussein und alle anderen Herrscher vor Jesus das Knie beugen. Einige werden dies freiwillig tun, andere gezwungener-maßen. Von jenem Tag an werden diejenigen, die heute seine Diener sind, für immer mit ihm herrschen.

Unsere Aufgabe als Diener Gottes besteht darin, an-deren Menschen jetzt von Gott zu erzählen, damit sie sich mit ihm freuen und mit ihm herrschen werden, statt einmal mit seinem Gericht konfrontiert zu wer-den. Wir müssen den Menschen die gute Nachricht sagen und sie davor warnen, Gott abzulehnen. Gott hat uns berufen und ausgerüstet. Seine Herrlichkeit ist auf uns; deshalb sollten wir uns nicht entmutigen las-sen. Er beruft uns zu einer unschätzbar größeren Vi-sion, als wir es je für möglich gehalten hätten. Die Aufgabe, in der Israel versagte und die Jesus in höch-stem Maß erfüllte, ist jetzt die Aufgabe der Gemeinde: nämlich ein „Licht für die Völker" zu sein, damit wir seine Erlösung „bis an das Ende der Erde" bringen. Das Evangelium ist allgemein gültige Wahrheit für die ganze Welt. Wir müssen für eine Erweckung beten und arbeiten, die nicht nur lokal oder sogar national stattfindet, sondern sich „bis an das Ende der Erde" erstreckt.

Gott hat versprochen, Erweckung zu bringen. Jede Erweckung ist ein souveränes Werk Gottes. Dennoch hat er beschlossen, seine Diener zu benutzen, um seine Absichten auszuführen. Wir, die Kirche, sind heute seine Diener. Die Kirche und alle, die ihr angehören, müssen auf seinen Ruf eingehen und bereit sein, den Prozess der Ausrüstung zu durchlaufen und die gute Nachricht weiterzusagen. Aber Worte allein genügen nicht. Unser Charakter und unser Leben muss unseren Worten entsprechen. Unser Lebensstil muss mit unserer Botschaft übereinstimmen. Wenn wir von Gott eingesetzt werden wollen, müssen wir außerdem bereit sein, hinauszugehen und seine Erlösung an das Ende der Erde zu *bringen*.

Wir alle, die seiner Kirche angehören, haben das Potenzial, von Gott in der Erweckung gebraucht zu werden. In seinem Essay „Die zwölf Männer" schrieb G. K. Chesterton: *„Wann immer unsere Gesellschaft eine Bibliothek katalogisieren oder ein Solarsystem erforschen oder sonstige unbedeutende Aufgaben dieser Art erfüllen möchte, setzt sie ihre Fachleute ein. Doch wenn sie etwas wirklich Wichtiges erledigt haben will, wählt sie zwölf gewöhnliche Männer, die gerade in der Nähe sind. Genauso machte es, wenn ich mich recht entsinne, der Begründer des Christentums."*

4

Was ist das Wesen
einer Erweckung?

Jesaja 49,8–50,3

So spricht der Herr: Zur Zeit der Gnade will ich dich erhören, am Tag der Rettung dir helfen. Ich habe dich geschaffen und dazu bestimmt, der Bund zu sein für das Volk, aufzuhelfen dem Land und das verödete Erbe neu zu verteilen, den Gefangenen zu sagen: Kommt heraus!, und denen, die in der Finsternis sind: Kommt ans Licht!"

Alex und Peggy Buchanan haben beträchtliche persönliche Handikaps. Peggy ist durch multiple Sklerose an einen Rollstuhl gebunden. Alex hatte einen Schlaganfall und ist auf einer Gesichtshälfte gelähmt. Die beiden haben viel Leid ertragen, beklagen sich aber nie. Ganz im Gegenteil verbringen sie viel Zeit damit, sich die Klagen anderer anzuhören, die ihren weisen und oft prophetischen Rat suchen.

Wenn Alex Buchanan zu christlichen Leitern spricht, sagt er oft: *„Gott liebt Sie bedingungslos, von ganzem Herzen und unaufhörlich."* Das lässt er sie immer wieder nachsprechen und wiederholen, bis sie es schließlich begriffen haben. Und er fügt hinzu: *„Sie haben Gottes volle Anerkennung."* Einmal nahm er mich beiseite und fragte: *„Glauben Sie, dass Sie Gottes volle Anerkennung haben?"* Ich fand es extrem schwierig, auf diese Frage zu antworten, und sagte: *„Ich bin mir meiner eigenen Schwächen so bewusst."* Alex erwiderte: *„Das sind wir alle. Gott möchte, dass Sie wissen, wie sehr er Sie liebt und anerkennt."*

Der alttestamentliche Bund kam durch Gottes bedingungslose, uneingeschränkte und beständige Liebe zu seinem Volk zu Stande. Das hebräische Wort *hesed* beschreibt diese Art von Liebe und wird oft als „liebende Barmherzigkeit" oder „Gnade" übersetzt. Im eigentlichen Sinn sagte Gott: „Ihr seid das Volk Jahwes geworden, also seid nun das Volk Jahwes" („Jahwe" ist ein hebräischer Name für Gott). Er erwählte sie, obwohl sie es nicht verdienten. Er bewies seine frei geschenkte und bedingungslose Liebe. *„Nicht weil ihr zahlreicher als die anderen Völker wäret, hat euch der Herr ins Herz geschlossen und ausgewählt; ihr seid das kleinste unter allen Völkern. Weil der Herr euch liebt ..."* (5. Mose 7,7-8).

Das Gesetz war Gottes Geschenk und das Einhalten des Gesetzes war ein Ausdruck des Glaubens und des Gehorsams. Aber Gottes Volk versagte in der Einhaltung des Gesetzes, und seine Untreue und Rebellion hatte katastrophale Folgen, die 587 v. Chr. schließlich im Fall Jerusalems endeten. Die Propheten wiesen darauf hin, dass Gott jedes Recht hatte, den Bund aufzukündigen, doch obwohl er gute Gründe dafür besaß, versprach er statt Zerstörung Wiederherstellung, Erneuerung und Erweckung. Er sagte: *„Zur Zeit der Gnade will ich dich erhören, am Tag der Rettung dir helfen. Ich habe dich geschaffen und dazu bestimmt, der Bund zu sein für das Volk, aufzuhelfen dem Land und das verödete Erbe neu zu verteilen, den Gefangenen zu sagen: Kommt heraus!, und denen, die in der Finsternis sind: Kommt ans Licht!"* (Jesaja 49,8-9a).

Der anschließende Abschnitt bringt Gottes Liebe zu seinem Volk zum Ausdruck und handelt ganz von

Gottes „Erbarmen" (Verse 10, 13 und 15). Das Wort „Erbarmen" bedeutet *„Liebe, die voller Verständnis, Mitleid und Gnade ist"*.[24] So gewiss ist die Verheißung der Wiederherstellung, dass der Prophet eine Hymne über die Liebe Gottes verfasst. Andere Götter lassen die Menschen aus Bosheit leiden. Doch Gott ist ein Gott der Liebe und Barmherzigkeit, der diese Liebe zu seinem Volk unter Beweis stellt. In diesem Abschnitt sehen wir fünf visuelle Bestätigungen (Bilder oder Vergleiche) der Liebe Gottes. Eingestreut sind drei Einwände, die gegen die Annahme erhoben werden, dass Gott kurz davor stehen könnte, Wiederherstellung und Erweckung zu bringen.

Die erste Analogie der Liebe: der Hirte
(Verse 9-13)

„Auf allen Bergen werden sie weiden, auf allen kahlen Hügeln finden sie Nahrung. Sie leiden weder Hunger noch Durst, Hitze und Sonnenglut schaden ihnen nicht. Denn er leitet sie voll Erbarmen und führt sie zu sprudelnden Quellen. Alle Berge mache ich zu Wegen, und meine Straßen werden gebahnt sein. Seht her: Sie kommen von fern, die einen von Norden und Westen,

*andere aus dem Land der Siniter. Jubelt, ihr Himmel,
jauchze, o Erde, freut euch, ihr Berge! Denn der Herr
hat sein Volk getröstet und sich seiner Armen er-
barmt.“*

Die Beziehung zwischen den Schafen und ihrem
Hirten ist in Palästina völlig anders als irgendwo
sonst. In England werden Schafe normalerweise geschlachtet und gegessen, doch in Palästina werden sie
wegen ihrer Wolle gehalten. Daher bleiben Schafe oft
viele Jahre bei demselben Hirten und jedes hat einen
Namen. Die Bezeichnung „Pastor“ ist das lateinische
Wort für „Hirte“, und in derselben Weise liebt, betreut
und versorgt Gott sein Volk.

Erstens ist dies ein Bild der Fürsorge. *„Auf allen
Bergen werden sie weiden, auf allen kahlen Hügeln
finden sie Nahrung. Sie leiden weder Hunger noch
Durst, Hitze und Sonnenglut schaden ihnen nicht“*
(Jesaja 49,9b-10a). Der Hirte wird dafür sorgen, dass
*„Weideland bereitsteht und sie auf Schritt und Tritt
begleitet, und selbst kahle Hügel werden dazu dienen,
ihre Bedürfnisse zu stillen“.*[25] Wenn wir dies wirklich
begreifen könnten, würden wir uns eine Menge
unnötiger Sorgen ersparen.

Zweitens schützt der Hirte seine Schafe. Ein Hirte in
Palästina trug einen Stab, einen kurzen hölzernen
Stock mit einem Knauf an einem Ende, der oft mit Nä-
geln besetzt war. Meist befand sich oben am Griff ein
Schlitz, durch den ein Lederriemen gezogen wurde,
um den Stock am Gürtel zu befestigen. Ein solcher
Stab war die Waffe, mit der er sich und seine Herde
gegen wildernde Tiere und Räuber verteidigte. Dr. W.
M. Thompson beschreibt in „The Land and the Book“
(Das Land und das Buch) *„verzweifelte Kämpfe mit
wilden Tieren, Dieben und Räubern ... unter Einsatz
seines Lebens verteidigte der Hirte seine Herde.
Manchmal musste er es im Kampf lassen. Ein treuer*

Hirte kämpfte zum Beispiel einmal gegen drei bedui-
nische Räuber, bis sie ihn mit ihren Messern in Stücke
hackten ... Er starb inmitten der Schafe, die er vertei-
digte. "[26] Auch hier gilt, dass uns viele Ängste erspart
blieben, wenn wir dies begreifen würden.

Drittens leitet der Hirte die Schafe (Vers 10b). In
Palästina ging der Hirte vor den Schafen her, um zu
prüfen, ob der Weg sicher war, und manchmal mussten die Schafe ermuntert werden, ihm zu folgen. Ein
Wanderer erinnerte sich, wie er einen Hirten seine
Herde durch einen Fluss führen sah. Die Schafe waren
nicht bereit, das Wasser zu durchqueren; schließlich
löste der Hirte das Problem, indem er eines der Lämmer hinübertrug. Als das Mutterschaf sein Lamm auf
der anderen Seite erblickte, durchquerte es den Fluss
und die anderen folgten ihm. Der Hirte trug einen
Stecken und besaß auch eine Schleuder, teilweise zur
Selbstverteidigung, aber auch, weil es in Palästina
keine Hütehunde gab. Wenn ein Hirte ein Schaf
zurückholen wollte, das sich von der Herde entfernte,
legte er einen Stein in seine Schleuder und schoss ihn
dem streunenden Schaf direkt vor die Nase als Signal,
zur Herde zurückzukehren.

Als Hirte Israels wird Gott sein Volk aus der Gefangenschaft zurückführen. In seiner Liebe wird er sogar
Hindernisse in den Dienst seiner Absichten stellen.
„Alle Berge mache ich zu Wegen, und meine Straßen
werden gebahnt sein" (Vers 11). Die Berge sind sein Eigentum und er kann mit ihnen machen, was er will.

Denselben Gedanken hatte Paulus, als er schrieb:
„Wir wissen, dass Gott bei denen, die ihn lieben, alles
zum Guten führt, bei denen, die nach seinem ewigen
Plan berufen sind." (Römer 8,28) Selbst wenn das
Leben Blockaden gegen uns aufzurichten scheint,
könnten wir entdecken, dass sie in Wirklichkeit Teil
des göttlichen Plans für uns sind. Sowohl gute als

auch schlechte Erfahrungen können das Rohmaterial sein, durch das Gott seine Absichten in unserem Leben hervorbringt.

Jesus greift das Bild vom guten Hirten auf und bezieht es auf sich selbst:

„Er ruft die Schafe, die ihm gehören, einzeln beim Namen und führt sie hinaus ... [dann] geht er ihnen voraus, und die Schafe folgen ihm; denn sie kennen seine Stimme ... Ich bin der gute Hirte. Der gute Hirte gibt sein Leben für die Schafe ... ich kenne die meinen, und die meinen kennen mich, wie mich der Vater kennt und ich den Vater kenne; und ich gebe mein Leben hin für die Schafe" (Johannes 10,3-15).

Die zweite Analogie der Liebe: Elternschaft
(Verse 14-15)

„Doch Zion sagt: Der Herr hat mich verlassen, Gott hat mich vergessen. Kann denn eine Frau ihr Kindlein vergessen, eine Mutter ihren leiblichen Sohn? Und selbst wenn sie ihn vergessen würde: ich vergesse dich nicht."

Augenblicklich wird der Einwand erhoben, Gott würde sein Volk nicht wiederherstellen: *„Doch Zion sagt: Der Herr hat mich verlassen, Gott hat mich vergessen"* (Vers 14). Das Volk fühlte sich verlassen und vergessen, als wären sie Gott gleichgültig. Der Prophet erwiderte: *„Kann denn eine Frau ihr Kindlein vergessen, eine Mutter ihren leiblichen Sohn? Und selbst wenn sie ihn vergessen würde: ich vergesse dich nicht"* (Vers 15).

Es ist möglich, dass Eltern ein Kind vergessen. Meine Schwiegereltern haben mir von einem solchen Fall berichtet. Sie hatten einen Freund, der erst in späteren Jahren geheiratet und einen Sohn bekommen hatte. Einmal gingen er und seine Frau mit meinen

Schwiegereltern essen. Sie brachten ihr Baby mit und stellten es oben in einem Nebenraum ab. Als sie aufbrachen, fragte mein Schwiegervater: *„Hast du nicht etwas vergessen?"* Der Mann erwiderte: *„Habe ich etwa meinen Hut liegen lassen?"* Er hatte seinen Sohn total vergessen.

Wesentlich schwieriger ist es für eine Mutter, ihren Säugling zu vergessen, den sie stillt, doch selbst das ist möglich. Aber für Gott ist es unmöglich, sein Volk zu vergessen: seine Liebe ist sogar noch größer, als die Liebe einer Mutter zu ihrem Baby. Die Bibel benutzt sowohl männliche als auch weibliche Bilder, um uns zu helfen, das Wesen Gottes zu verstehen. Gottes Liebe zu uns ist wie die Liebe einer vollkommenen Mutter und eines vollkommenen Vaters. Paulus beschreibt den Heiligen Geist auch als „Geist der Sohnschaft" (Römer 8,15; Elberfelder).

Vielen Menschen fehlt heute die wahre Erfahrung elterlicher Liebe. Kürzlich fand ich ein Beispiel dafür in der Zeitschrift *Sports Illustrated*. Greg Norman, seit Jahren der weltbeste Golfspieler, lehrt die meisten anderen Profigolfer mit seinem kühlen Temperament das Fürchten. Sein hochnäsig-abweisendes Gehabe hat er von seinem Vater übernommen. *„Wenn ich meinen Vater früher nach langer Abwesenheit begrüßte, wollte ich ihn immer umarmen"*, erinnerte er sich einmal. *„Aber er schüttelte mir nur die Hand."* Als er 1996 zu Beginn des „U.S. Masters"-Wettkampfs auf seine Reserviertheit angesprochen wurde, erwiderte er: *„Hier draußen kennt mich niemand wirklich."*

Nachdem er gleich zu Anfang in Führung gegangen war, verspielte Norman in der letzten Runde seinen Vorsprung von sechs Schlägen und verlor gegen Nick Faldo.

Der Journalist schrieb: *„Nachdem Faldo beim 72. (abschließenden) Loch aus 5 Metern Entfernung uner-*

*wartet eingelocht und Norman damit einen letzten
Stich versetzt hatte, kamen die beiden Männer aufein-
ander zu; Norman versuchte ein Lächeln, einen Hän-
dedruck erwartend, und fand sich stattdessen in einer
herzlichen Umarmung wieder.*

*Als sie in dieser Umarmung verharrten, sogar als
beiden Tränen in die Augen traten, veränderte sich
Norman ein klein wenig. ,Ich weinte nicht, weil ich
verloren hatte', erklärte Norman am folgenden Tag.
,Ich habe schon viele Wettkämpfe verloren. Und ich
werde noch viele verlieren. Ich habe geweint, weil ich
so etwas nie bei einem anderen Mann erlebt hatte; ich
habe in meinem Leben noch nie eine solche Umarmung erfahren.'"*[27]

„*So bezeugt der Geist selber unserem Geist, dass
wir Kinder Gottes sind*" (Römer 8,16). Wenn der Heilige Geist Menschen erfüllt, erfahren sie oft genau
dies. Eine Person schrieb mir einmal: „*Ich habe jetzt
die Gewissheit, dass Gott mich wie ein Vater liebt.*"
Ein anderer sagte: „*Ich hatte ein unglaubliches Empfinden, dass Gott mich in den Armen hält und mir
sagt, dass er mein Vater ist: kein Mensch, kein Ereignis und kein Unglück wird dieses Band je zerreißen
können ... nie bin ich Gott so nahe gewesen.*" Ein anderer sagte einfach: „*Es war etwas Neues für mich ...
Gott zeigte mir seine Vaterschaft und seine Liebe zu
mir.*"

Die dritte Analogie der Liebe:
Das Eingravieren (Verse 16-23)

„*Sieh her: Ich habe dich eingezeichnet in meine
Hände, deine Mauern habe ich immer vor Augen.
Deine Erbauer eilen herbei, und alle, die dich zerstört
und verwüstet haben, ziehen davon. Blick auf und*

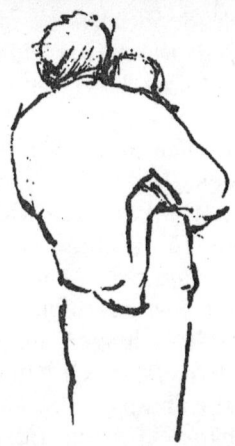

schau umher: *Alle versammeln sich und kommen zu dir. So wahr ich lebe – Spruch des Herrn: Du sollst sie alle wie einen Schmuck anlegen, du sollst dich mit ihnen schmücken wie eine Braut.*

Denn dein ödes, verheertes, zerstörtes Land wird jetzt zu eng für seine Bewohner, weit weg sind alle, die dich verschlingen wollten. Bald wirst du, die du kinderlos warst, mit eigenen Ohren hören, wie deine Kinder sagen: Mir ist der Platz hier zu eng, rück zur Seite, ich will mich setzen. Dann wirst du dich in deinem Herzen fragen: Wer hat mir diese Kinder geboren? Ich war doch kinderlos und unfruchtbar, war verbannt und verstoßen. Wer hat mir die Kinder herangezogen? Ich war doch allein übrig geblieben? Wo kommen sie alle her?

So spricht Gott, der Herr: Sieh her, ich hebe die Hand in Richtung der Völker, ich errichte für die Nationen ein Zeichen, und sie bringen auf ihren Armen deine Söhne herbei und tragen deine Töchter auf ihren Schultern. Könige werden deine Kinder pflegen und Fürstinnen ihre Ammen sein. Mit dem Gesicht zur

Erde werfen sie sich nieder vor dir und lecken dir den Staub von den Füßen. Dann wirst du erkennen, dass ich der Herr bin und dass keiner beschämt wird, der auf mich hofft.

So wie viele Menschen heute, benutzten die Babylonier Tätowierungen, um sich an einen geliebten Menschen zu erinnern. Eine Tätowierung demonstrierte Hingabe. Eine Tätowierung ist äußerst schwer (wenn auch nicht unmöglich) zu entfernen und drückt daher die Gewissheit aus, dass eine Beziehung nicht zerbrechen wird. Leider schlagen menschliche Beziehungen sehr wohl fehl. Dennoch benutzt Gott dieses Bild für seine Hingabe an uns. *„Sieh her"*, sagt er, *„ich habe dich eingezeichnet in meine Hände"* (Vers 16a). Man kann diesen Vers kaum lesen, ohne an die Kreuzigung, den Hammer und die Nägel zu denken. Jesu Liebe und Hingabe für uns war total und führte ihn in den Abgrund des Leids, die grausamen Wunden, die für jeden sichtbar sind. Als Thomas die Handflächen Jesu sah, rief er aus: *„Mein Herr und mein Gott"* (Johannes 20,28).

Der Beweis der fortwährenden Hingabe Gottes an sein Volk wird, so sagt der Prophet, in einer dramatischen und spektakulären Wiederherstellung sichtbar werden. *„Deine Mauern habe ich immer vor Augen"* (Vers 16b). Er verspricht den Wiederaufbau Jerusalems und die Wiederbevölkerung des Landes. Die Menschen werden sagen: *„Wo in aller Welt sind diese Leute hergekommen?"* (Verse 19-21), und der Platz wird zu klein erscheinen (Vers 20). Selbst Könige und Fürstinnen werden an jenem Tag kommen (Vers 23). Er freut sich auf eine triumphale Rückkehr mit Scharen von Menschen.

Die vierte Analogie der Liebe: der Eroberer
(Verse 24-26)

„Kann man einem Starken die Beute entreißen? Kann einem Mächtigen der Gefangene entkommen? So spricht der Herr: Auch einem Starken entreißt man den Gefangenen, und einem Mächtigen entkommt seine Beute. Ich selbst will mit deinem Gegner streiten, ich selbst will deine Söhne befreien. Deinen Unterdrückern gebe ich ihr eigenes Fleisch zu essen, sie sollen sich an ihrem Blut berauschen wie an Most. Dann werden alle Sterblichen erkennen, dass ich, der Herr, dein Retter bin und ich, der Starke Jakobs, dein Erlöser."

Ein weiterer Einwand wird erhoben. Selbst Gott sei nicht stark genug, Wiederherstellung herbeizuführen: *„Kann man einem Starken die Beute entreißen? Kann* *einem Mächtigen der Gefangene entkommen?"* (Vers 24). Auf diesen Einwand erwidert der Prophet, dass Gottes Liebe einem Eroberer gleicht (Verse 25-26). Er ist absolut stark genug, seine Absichten auch auszuführen. Er versichert denen, die einwenden, Gott könne dies nicht tun: *„Gott kann es und er wird es tun."* Gottes Liebe zu seinem Volk ist unendlich stark und entschlossen.

Gottes Bund mit seinem Volk entsprach einem ähnlichen Muster, wie es in vielen antiken Souveränitätsverträgen des Mittleren Ostens zu finden ist, wie etwa in den Verträgen der Hetiter im 2. Jahrhundert vor Christus. Die Hetiter waren ein mächtiges Volk, das damals einen großen Teil Kanaans beherrschte. Als Eroberer ging der Hetiterkönig mit dem eroberten Volk eine Bundesbeziehung ein. Die Verträge begannen mit der Vorstellung des Namens und der Position des Herrschers. Darauf folgte ein historischer Prolog über den Rahmen der Bundesbeziehung, in dem beschrieben wurde, wie der König das Volk erobert hatte. Dann kamen die Vertragsbedingungen: dass es keine anderen Alliierten ohne Zustimmung geben durfte, dass Tribute zu zahlen waren und dass Vertreter jährlich kommen und ihre Bündnistreue bestätigen mussten. Urkunden über alle Besitztümer wurden bei der Verwaltung des Eroberers hinterlegt und von Zeit zu Zeit hervorgeholt, um vorgelesen zu werden. Die Rechtmäßigkeit des Verfahrens musste durch Zeugen bestätigt werden. Außerdem wurden Sanktionen und Nutzrechte an die Vereinbarung geknüpft, die je nach dem guten (oder schlechten) Verhalten des eroberten Volkes zur Geltung kamen.

Gottes Bund ab 2. Mose 20 entspricht einem ähnlichen Muster. Er umfasst Titel, Prolog und Vertragsbedingungen (zum Beispiel durfte Gottes Volk keine anderen Götter haben). Der Bund wurde in der Bundeslade hinterlegt und regelmäßig vorgelesen. Es gab Zeugen, Segensverheißungen und Flüche.

Der Gott, der der „Eroberer" Israels ist, hat die Macht, alle anderen Völker zu besiegen. Er wird für sein Volk kämpfen: *„Ich selbst will mit deinem Gegner streiten"* (Vers 25). Winston Churchill war ein glühender Patriot: er liebte sein Land und sein Volk. Er war auch unerschütterlich in seinem Widerstand gegen Tyrannei und in seiner Entschlossenheit, Hitler zu bezwingen. In viel tieferer Art und Weise ist Gott seinem Volk treu und wird gegen diejenigen kämpfen, die es unterdrücken.

Die fünfte Analogie der Liebe: der Ehemann (50,1-3)

„So spricht der Herr: Wo ist denn die Scheidungsurkunde, mit der ich eure Mutter fortgeschickt habe? Wo ist mein Gläubiger, dem ich euch verkauft habe? Seht, wegen eurer bösen Taten wurdet ihr verkauft, wegen eurer Vergehen wurde eure Mutter fortgeschickt. Warum war niemand da, als ich kam, warum gab niemand Antwort, als ich rief? Ist meine Hand denn zu schwach, um zu befreien, fehlt mir die Kraft, um zu retten? Durch meine Drohung trockne ich das Meer aus. Ich mache Flüsse zur Wüste, sodass die Fische verfaulen aus Mangel an Wasser und sterben vor Durst. Ich kleide den Himmel in Schwarz und hülle ihn in ein Trauergewand."

Wir haben gesehen, dass der erste Einwand lautete, Gott würde es nicht tun, und der zweite, Gott könnte es nicht. Der dritte Einwand, der gegen die Verheißung der Wiederherstellung und Erweckung erhoben wird, lautet, dass Gott es nicht tun sollte. Die Menschen sagten, Gott hätte sich auf Grund ihrer

Sünden von ihnen geschieden. Sie hatten das Gefühl, an seine Gläubiger verkauft worden zu sein.

Gott erwidert durch seinen Propheten, dass er in der Lage ist, sie wiederherzustellen, obwohl die Gefangenschaft durch ihre Schwäche und Sünde bedingt war. Er hat sich nicht von ihnen geschieden, noch sie in die Sklaverei verkauft. Er fragt: *„Wo ist denn die Scheidungsurkunde, mit der ich eure Mutter fortgeschickt habe? Wo ist mein Gläubiger, dem ich euch verkauft habe?"* (Jesaja 50,1). Niemand ist so weit entfernt, dass Gott ihn nicht erreichen könnte. Er ist mit seinem Volk vermählt.

In der Bibel wird Gottes Liebe zu seinem Volk oft mit der Liebe eines Ehemanns zu seiner Frau verglichen. Jesaja stellt fest: *„Dein Schöpfer ist dein Gemahl"* (54,5). Durch die Propheten Ezechiel und Maleachi beschuldigt Gott sein Volk, eine *„Ehebrecherin"* zu sein, die *„sich statt ihres Mannes fremde Männer"* nimmt (Ezechiel 16,32). Paulus spricht in seinem wohl berühmtesten Vergleich von Ehe und der Liebe eines Ehemanns zu seiner Frau als Bild für die Liebe Christi zu seiner Gemeinde (Epheser 5,22-33). Schließlich wird die Gemeinde im Buch der Offenbarung als „Braut Christi" beschrieben.

Das Herz einer Erweckung ist Gottes Liebe zu seinem Volk. Jede Erweckung schließt eine frische Erfahrung des Heiligen Geistes ein, der Gottes Liebe in unsere Herzen ausgießt (Römer 5,5), und sein Volk erwidert seine Liebe. Das Wort für „ausgießen" ist dasselbe, das auch in Apostelgeschichte 2,12 verwendet wird, als Petrus die Menge daran erinnert, dass der Heilige Geist auf alles Fleisch ausgegossen werden wird. Wie in der Apostelgeschichte führt die Ausgießung der Liebe Gottes durch den Heiligen Geist zur Erweckung.

Howell Harris, der in der Erweckung in Wales so

mächtig gebraucht wurde, beschrieb seine Begegnung mit Gott am 18. Juni 1735. Sie war so real, dass er sein Leben lang immer wieder davon sprach:

„Plötzlich hatte ich das Gefühl, mein Herz würde aus Liebe zu Gott, meinem Erlöser, wie Wachs vor dem Feuer zerschmelzen; auch fühlte ich nicht nur Liebe und Frieden, sondern eine Sehnsucht, aufgelöst zu werden und bei Christus zu sein. Dann war ein Schrei in meiner innersten Seele, wie er mir zuvor völlig unbekannt war. Abba, Vater! Abba, Vater! Ich konnte nicht anders, als Gott meinen Vater zu nennen; ich wusste, dass ich Sein Kind war, und dass Er mich liebte und mich hörte. Meine Seele, erfüllt und gesättigt, rief: „Dies ist genug, ich bin gestillt. Gib mir Stärke, und ich werde dir durch Feuer und Wasser folgen." Ich konnte sagen, dass ich wirklich glücklich war. In mir war eine Quelle des Wassers, das ins ewige Leben quillt (Johannes 4,14). Die Liebe Gottes war ausgegossen in mein Herz durch den Heiligen Geist" *(Römer 5,5).*[28]

Sarah Edwards, die mit ihrem Mann in der großen Erweckung in Neuengland mitwirkte, schrieb über ihre Erfahrung im Januar 1742:

„Die ganze Nacht blieb ich in einem beständigen, klaren und lebhaften Empfinden, wie himmlisch und köstlich die vortreffliche und überragende Liebe Christi ist, wie nahe er mir ist und wie kostbar ich ihm bin ... ich schien ... ein Glühen göttlicher Liebe wahrzunehmen, das aus dem Herzen Christi im Himmel herabkam in mein Herz, in einem beständigen Strom, wie ein Strom oder Bündel köstlicher Lichtstrahlen. Zur gleichen Zeit verströmten mein Herz und meine Seele sich ganz in Liebe zu Christus; so schien es ein ständiges Fließen und Zurückfließen himmlischer und göttlicher Liebe vom Herzen Christi zu dem meinen zu geben; und ich selbst schien in diesen hel-

len, köstlichen Strahlen der Liebe Christi zu treiben oder zu schwimmen ... So weit ich überhaupt fähig bin, einen Vergleich zu ziehen, denke ich, dass das, was ich jede Minute fühlte ... mehr wert war als die Summe aller äußerlichen Bequemlichkeiten und Vergnügungen, die ich in meinem ganzen Leben genossen hatte. Es war eine reine Freude, die die Seele nährte und sättigte."[29]

1792 wurde der Heilige Geist in Wales in ungewöhnlicher Fülle ausgegossen. Der Hymnenschreiber William Williams beschrieb, was geschah:

„Denn auf uns fiel der köstliche Atem der Liebe des Herrn ... die Wolke zerschmolz, die Sonne schien, wir tranken von der Frucht des Weinstocks des verheißenen Landes, und wir wurden in Jubel versetzt. Fort war der Unglaube, fort die Schuld, fort die Angst, fort ein furchtsamer, feiger Geist, ein Mangel an Liebe, Neid, Misstrauen zusammen mit all den giftigen Qualen, die uns zuvor gepeinigt hatten; und an ihre Stelle traten Liebe, Glaube, Hoffnung, ein freudiger Geist mit einer herrlichen Fülle der Gaben des Heiligen Geistes."[30]

Professor Raniero Cantalamessa, ehemals Mitglied der Internationalen Theologischen Kommission und heute Prediger des Päpstlichen Hauses, schrieb:

„Die ganze Bibel, stellte der heilige Augustinus fest, tut nichts anderes, als von der Liebe Gottes zu berichten (Cat. rud. 1, 8, 4; PL 40, 319); sie ist sozusagen voll davon. Das ist die Botschaft, die alle anderen Botschaften stützt und erklärt. Die Liebe Gottes ist die Antwort auf die vielen „Warum" in der Bibel; das Warum der Schöpfung, das Warum der Menschwerdung, das Warum der Erlösung ... Könnte das geschriebene Wort der Bibel in ein gesprochenes Wort verwandelt werden und könnte es zu einer einzigen Stimme werden, würde diese Stimme mächtiger als

das tosende Meer ausrufen: **Der Vater liebt dich!** *(Johannes 16,27). Alles, was Gott in der Bibel tut und sagt, ist Liebe – selbst Gottes Zorn ist nichts als Liebe. Gott „ist" Liebe!"*[31]

Wenn wir Gottes Liebe zu uns erfahren, empfangen wir eine neue Liebe zu ihm. Wir *„lieben, weil er uns zuerst geliebt hat"* (1. Johannes 4,19). Auf diese Weise werden wir befähigt, das größte Gebot zu erfüllen: *„Du sollst den Herrn, deinen Gott, lieben mit ganzem Herzen, mit ganzer Seele und mit all deinen Gedanken"* (Matthäus 22,37) und auch das Zweite: *„Du sollst deinen Nächsten lieben wie dich selbst"* (Matthäus 22,39). Liebe ist, nach Jonathan Edwards, das „herausragendste" Erkennungszeichen des Heiligen Geistes in der Erweckung. Er schreibt: *„Wenn der Geist, der in einem Volk am Werk ist, als ein Geist der Liebe zu Gott und den Menschen wirkt, ist es ein sicheres Zeichen, dass es sich um den Geist Gottes handelt ... Es ist eine Liebe, die aus dem Betrachten der wunder-*

*baren Reichtümer der freien Gnade und Souveränität
der Liebe Gottes zu uns in Jesus Christus entspringt.*"[32]

Es ist Gottes Liebe und nur seine Liebe, die Wiederherstellung und Erweckung bringen kann. Das Herz
einer jeden Erweckung ist Gottes Liebe zu seinem
Volk. Die Antwort auf den Einwand, Gott *werde* keine
Erweckung bringen, lautet, dass er uns liebt und es
deshalb tun wird. Die Antwort auf den Einwand, Gott
könne es nicht tun, lautet, dass seine Liebe so groß ist,
dass er es kann. Die Antwort auf den Einwand, Gott
sollte es nicht tun, lautet, dass er uns so sehr liebt,
dass er es trotz unserer Unzulänglichkeiten tun wird.
Gott liebt uns „bedingungslos, uneingeschränkt und
fortwährend". Im Herzen der Erweckung steht die
Liebe Gottes.

5

Wie lautet die Botschaft einer Erweckung?

Jesaja 52,13-53,12

Als Helen Shapiro Anfang 1963 mit den Beatles auf Tournee ging, stand sie ganz an der Spitze und die Pilzköpfe waren die Vorgruppe. Schon mit fünfzehn Jahren hatte sie den ersten Platz der Hitlisten erstürmt. Die zweite Platte, „Walking Back to Happiness", machte sie zum internationalen Superstar. Doch danach brach ihr persönliches Leben immer mehr auseinander.

Aufgewachsen in einer traditionell jüdischen Familie im Herzen der jüdischen Gemeinde Londons, war sie sich ihrer Identität sehr stark bewusst. Ihre Interessen neigten allerdings schon bald mehr zu Spiritismus, Buddhismus, Parapsychologie und Reinkarnation. Doch sie beneidete ihren Produzenten, der Christ war, um seinen Glauben; und so rief sie eines Nachts: „Also gut, Jesus. Du sagst, dass du der Messias bist. Wenn das stimmt, dann zeig es mir."

Sie begann das Alte Testament zu lesen und stieß erstaunt auf die Prophetie: „Denn uns ist ein Kind geboren, ein Sohn ist uns geschenkt..." (Jesaja 9,5). Helen hatte immer gedacht, dieser Vers stände im Neuen Testament, weil sie ihn normalerweise auf Weihnachtskarten gelesen hatte. Dann las sie in Micha, dass der Messias in Bethlehem geboren werden

sollte, und in Jesaja, dass er von einer Jungfrau geboren werden würde. In Psalm 22 las sie eine an-
schauliche Schilderung der Umstände des Todes Jesu
am Kreuz. Dann stieß sie auf Jesaja 53, wo von seinem großen Opfer die Rede war.

Sie erinnert sich noch, wie sie dachte: *„Warum
weiß ich das nicht? Warum hat es mir niemand gesagt? Niemand hat mir je das Evangelium auf jüdische
Art und Weise gesagt."* Immer wieder las sie die mes-
sianischen Prophetien und dann das Neue Testament.
Schließlich betete sie und bat Jesus, in ihr Leben zu
kommen. Innerhalb des folgenden Jahres kamen auch
ihre Mutter und ihr Freund (mit dem sie heute verheiratet ist) zum Glauben an Jesus. Sie sagt jetzt: *„Heute
kommen mehr Juden in der ganzen Welt zu Christus
als zu irgendeiner anderen Zeit seit dem 1. Jahrhundert."*[33]

Dieses Kapitel des Alten Testaments wird im Neuen
Testament am häufigsten zitiert. Der Theologe Joachim Jeremias schrieb: *„Kein anderer Abschnitt aus
dem Alten Testament ist für die Gemeinde so wichtig
wie Jesaja 53."*[34] Die Schreiber des Neuen Testaments
zitieren spezifische Verse, die in Jesus erfüllt wurden,
und Jesus selbst nahm oft auf dieses Kapitel Bezug. Dasselbe taten seine Nachfolger: In Apostelgeschichte 8 (wie wir im zweiten Kapitel gesehen haben)
erläutert Philippus einem äthiopischen Finanzminister
diesen Abschnitt, indem er erklärt, dass er sich auf
Jesus bezieht. Im Lauf der Jahrhunderte sind Christen
immer wieder seinem Beispiel gefolgt. Dies ist eines
der letzten und größten Lieder vom Knecht des Herrn,
in dem Jesaja sich auf nur eine einzige Person zu kon-
zentrieren scheint: die Person im Zentrum des And-
reaskreuzes (siehe Seite 32).

Nach Aussage des Korans starb Jesus nicht am
Kreuz. In den Augen Nietzsches war das Kreuz ein

Zeichen der Schwäche. Die Anhänger von Sun Myung Moon halten das Kreuz für einen Fehler und ein Versagen. Dieser Abschnitt aus Jesaja deutet an, dass Jesus an einem Kreuz sterben würde und dass dies weder ein Fehler noch ein Versagen sein würde. Dies war ein Opfer, das schon vor Grundlegung der Welt geplant wurde und das Jahrhunderte zuvor vorausgesagt wurde.

Der Abschnitt ist ein sorgfältig verfasstes Gedicht mit fünf Strophen zu je drei Versen. Jeder Vers ist eine Zeile länger als der vorherige, was den Eindruck wachsender Spannung weckt. Die erste und fünfte Strophe bilden die Worte Gottes über den Knecht. Die zweite und vierte Strophe bilden die erstaunt zuschauenden Menschen. Die dritte Strophe (Jesaja 53,4-6) ist der Gipfel, an dem das gesamte Gedicht sich wendet. Eigentlich ist es der Punkt, an dem das ganze Buch Jesaja sich verändert. Es ist in der Tat die zentrale Botschaft der ganzen Bibel und der gesamten Menschheitsgeschichte.

Die erste Zeile jeder Strophe nennt das Thema, das dann im Rest der Strophe weiter ausgeführt wird. In jeder Strophe finden wir einen außerordentlichen Gegensatz. Diese fünf Gegensätze werden wir im Folgenden nacheinander betrachten.

Der erste Gegensatz: scheinbares Versagen und tatsächlicher Erfolg (52,13-15)

„Seht, mein Knecht hat Erfolg, er wird groß sein und hoch erhaben. Viele haben sich über ihn entsetzt, so entstellt sah er aus, nicht mehr wie ein Mensch, seine Gestalt war nicht mehr die eines Menschen. Jetzt aber setzt er viele Völker in Staunen, Könige müssen vor ihm verstummen. Denn was man ihnen noch nie er-

*zählt hat, das sehen sie nun; was sie niemals hörten,
das erfahren sie jetzt.«*

Die Strophe beginnt damit, dass Gott über seinen
Knecht singt, von dem wir jetzt wissen, dass er sein
Sohn ist. Sie handelt von dem Knecht, der bis zum
Gipfel gelangt, der mit Demütigung begann und mit
Ehren endet.

1876 lief der sechzehnjährige Rufus Isaacs, bekannt
als der „Wüstling von Belsize", von der Obstfarm seines Vaters fort. Er ging an Bord eines Schiffes und arbeitete barfuß als Gehilfe an Deck. Er segelte um die
ganze Welt. Als er Indien verließ, hörte der Kapitän
ihn sagen: *„Ich werde wieder zurückkommen, aber
nicht auf dem Bug am Vorderdeck."* Als er wieder
nach England kam, begann er mit dreiundzwanzig
Jahren ein Jurastudium.

Mit eiserner Selbstdisziplin und Entschlossenheit
machte er seinen Aufstieg. Er wurde Kronanwalt, Ge-
neralstaatsanwalt (der erste, der im Kabinett saß) und
schließlich Oberster Richter. Als Botschafter ging er
nach Washington und war der letzte liberale Außen-
minister und Leiter im britischen Unterhaus. Er war
Gouverneur der Cinque Ports, und zwischen 1921 und
1926 kehrte er als Vizekönig zurück. Er wurde 1914
Baron, 1916 Vicomte, 1917 Graf und 1926 Marquis
von Reading. Rufus Isaacs war der erste Mann, der
seit Wellington vom Bürger zum Marquis aufstieg.
Anders als beim Knecht geschah sein Aufstieg nicht
durch Leid und Ablehnung. Doch wie der Knecht begann er ganz unten und endete an der Spitze.

Obwohl Jesus immer der Sohn Gottes war, wurde er
von den Menschen seiner Umgebung nicht immer als
solcher anerkannt. Tatsächlich schreibt Paulus in seinem Brief an die Philipper, dass Jesus *„sich erniedt-
rigte"*, um der Diener aller zu werden. Gott sagt über
diesen Diener: *„Mein Knecht hat Erfolg, er wird groß*

sein und hoch erhaben" (Jesaja 52,13). Der Prophet scheint einen kurzen Blick auf die Auferstehung, Himmelfahrt und Erhöhung Jesu zu bekommen.

Wie wurde die Erhöhung bewirkt? Martin Luther sagte einmal: *„Das Kreuz macht menschliche Erwartungen zunichte."* Jesaja sagt hier die Geißelung und den Tod Jesu voraus. Das letzte Bild Jesu auf der Erde (abgesehen von seinen Erscheinungen als Auferstandener) ist das eines Mannes mit zerschundenem und von Dornen gezeichnetem Gesicht, der Rücken in Fetzen, die Hände und Füße durchbohrt und die Seite verwundet. Die Strophe beginnt damit, dass der Knecht erhöht wird, kommt dann auf das scheinbare Versagen zu sprechen, bevor der Knecht schließlich wieder zu Ruhm und Ehre erhöht wird.

Die Leiden des Knechts werden sich auf die ganze Welt auswirken: *„Ebenso wird er viele Nationen besprengen"* (Jesaja 52,15; Elberfelder). Bei den Israeliten war die Besprengung mit dem Blut von Opfertieren ein Ritus zur Reinigung und Läuterung von Sünde. In derselben Weise war der Tod Jesu ein Opfer, das geschah, um uns von der Sünde zu reinigen und sie für immer von uns zu entfernen: *„Denn wenn schon das Blut von Böcken und Stieren ... die Unreinen, die damit besprengt werden, so heiligt, dass sie leiblich rein werden, wie viel mehr wird das Blut Christi ... unser Gewissen von toten Werken reinigen, damit wir dem lebendigen Gott dienen"* (Hebräer 9,13-14).

In dieser ersten Strophe sehen wir die Einführung einer außerordentlichen Kombination – Leid und Ehre, Traurigkeit und Freude. Solche Dinge stehen normalerweise nicht miteinander in Verbindung; sie werden als Gegensatz betrachtet, doch hier sind sie die zwei Seiten derselben Medaille. Bei Gott kann scheinbares Versagen Erfolg sein. Diejenigen, die sich selbst erniedrigen, werden erhöht werden.

Der zweite Gegensatz:
unsere Sicht und Gottes Sicht (53,1-3)

„Wer hat unserer Kunde geglaubt? Der Arm des Herrn – wem wurde er offenbar? Vor seinen Augen wuchs er auf wie ein junger Spross, wie ein Wurzeltrieb aus trockenem Boden. Er hatte keine schöne und edle Gestalt, sodass wir ihn anschauen mochten. Er sah nicht so aus, dass wir Gefallen fanden an ihm. Er wurde verachtet und von den Menschen gemieden, ein Mann voller Schmerzen, mit Krankheit vertraut. Wie einer, vor dem man das Gesicht verhüllt, war er verachtet; wir schätzten ihn nicht."

Die Menschen in Israel dachten, sie könnten den Messias auf keinen Fall verpassen. Sie wussten, dass er eine große politische und königliche Gestalt sein würde wie Mose oder David. Als die Menschen hinschauen und sein Leiden beobachten, missverstehen sie. *„Wer hat unserer Kunde geglaubt? Der Arm des Herrn – wem wurde er offenbar?"* (Vers 1). So oft erkennt nicht einmal das Volk Gottes den *„Arm [die Macht] des Herrn"*. Nicht einmal Petrus konnte glauben, dass der Heilsweg Gottes über die Kreuzigung führen würde (siehe Matthäus 16,22 und Markus 8,32).

In dieser Strophe sehen wir einen Gegensatz zwischen der Sicht des Menschen und der Perspektive Gottes. Gott sieht den Knecht als einen *„jungen Spross, [einen] Wurzeltrieb aus trockenem Boden"* (Vers 2a). Er gleicht einem grünen Spross in einer Wüste. Menschen betrachteten ihn mit anderen Augen. *„Er hatte keine schöne und edle Gestalt, sodass wir ihn anschauen mochten. Er sah nicht so aus, dass wir Gefallen fanden an ihm"* (Vers 2b). An seiner menschlichen Erscheinung gab es nichts besonders Attraktives, das Jesus Anerkennung verschafft hätte.

Er war keine eindrucksvolle Gestalt. Er war der Sohn eines Zimmermannes aus einer entfernt gelegenen Provinzstadt. *„Er wurde verachtet und von den Menschen gemieden, ein Mann voller Schmerzen, mit Krankheit vertraut. Wie einer, vor dem man das Gesicht verhüllt, war er verachtet; wir schätzten ihn nicht"* (Vers 3). Als Jesus gekreuzigt wurde, schauten die Menschen weg. Sie waren beschämt und verlegen und wussten nicht, wie sie damit umgehen sollten.

Simon Weston, ein Falkland-Veteran, wurde bei einem Bombenangriff getroffen und schrecklich entstellt. Er unterzog sich diversen plastischen Gesichtsoperationen, blieb aber dennoch schwer gezeichnet. In seinem Buch[35] erinnert er sich, dass er die Menschen und die Menschen ihn nicht anschauen konnten. Er beschreibt, wie man sich fühlt, wenn man die Straße entlang geht und die Menschen entsetzt den Blick abwenden. Der Prophet sah voraus, dass Jesus sein würde *„wie einer, vor dem man das Gesicht verhüllt ... verachtet; wir schätzten ihn nicht."* Obwohl er gekommen war, um Israel zu retten, wies Israel ihn zurück.

In dem Film *Lichter der Großstadt* spielt Charlie Chaplin einen Landstreicher, der eine Blinde liebt. Er spart und kann der blinden Frau schließlich eine Operation bezahlen, damit sie sehen kann, und ihre Augen werden tatsächlich geheilt. Später schaut sie durch ein Fenster, sieht den Landstreicher, ohne ihn zu erkennen, und lacht ihn aus. Jesus wird noch immer so oft von den Menschen abgewiesen, die zu retten er gekommen ist. Die Art, wie sie ihn sehen, steht in starkem Kontrast zur Perspektive Gottes.

Der dritte Gegensatz:
unsere Sünde und sein Leiden (53,4-6)

„Aber er hat unsere Krankheit getragen und unsere Schmerzen auf sich geladen. Wir meinten, er sei von Gott geschlagen, von ihm getroffen und gebeugt. Doch er wurde durchbohrt wegen unserer Verbrechen, wegen unserer Sünden zermalmt. Zu unserem Heil lag die Strafe auf ihm, durch seine Wunden sind wir geheilt. Wir hatten uns alle verirrt wie Schafe, jeder ging für sich seinen Weg. Doch der Herr lud auf ihn die Schuld von uns allen.“

Warum musste der Knecht sterben? In biblischer Zeit wurde Leiden üblicherweise so verstanden, dass jemand *„von Gott geschlagen"* worden sein musste (Vers 4b). Es ist wahr, dass in der Bibel eine Verbindung zwischen Sünde und Leid besteht. Aber es ist nicht unbedingt unsere Sünde, die unser Leid nach sich zieht (Beispiele sind das Buch Hiob und Johannes 9,1-2). Hier leidet der Knecht tatsächlich nicht auf Grund eigener Sünde. In der Mitte dieser zentralen Strophe sehen wir das höchste Beispiel für unschuldiges Leiden um der Schuldigen willen. *„Doch er wurde durchbohrt wegen unserer Verbrechen, wegen unserer Sünden zermalmt. Zu unserem Heil lag die Strafe auf ihm, durch seine Wunden sind wir geheilt"* (Vers 5).

Im gesamten Verlauf dieser Strophe finden wir die kontrastierenden Pronomen: er/unser und wir/ihm. Siebenmal in nur drei Versen wird diese Gegenüberstellung getroffen. Sein Leiden war körperlich: *„Er hat unsere Krankheit getragen."* Und es war emotional: Er hat *„unsere Schmerzen auf sich geladen"* (Vers 4a). Sein Leiden war auch geistlich: *„Er wurde durchbohrt ... wegen unserer Sünden"* (Vers 5a). Er starb an unserer Stelle, und seine Leiden brachten uns Frieden und Heilung.

Dr. David Yonggi Cho schrieb:

„Während des Koreakrieges gingen viele Menschen nach Busan, ganz im Süden Koreas. Die meisten Bewohner von Busan, meiner damaligen Heimat, waren sehr arm und schlugen sich von einem Tag zum anderen durch. Es gab noch nicht einmal irgendwelche Jobs.

Weil wir verzweifelt Nahrung brauchten, stahlen wir sogar. Als amerikanische Soldaten anfingen, mit Frachtzügen Kohle aus dem Hafen von Busan zu befördern, kletterten viele Jungen wie ich in die beladenen Frachtwagons wie hungrige Ameisen. Wir stahlen genügend Kohle, um sie zu verkaufen und Nahrung und Kleidung zu kaufen, damit wir einen kleinen Teil des harten Winters durchstehen konnten.

Eines Tages kletterte eine Gruppe Flüchtlinge auf einen Frachtzug, um Kohle zu stehlen. Da rannte ein amerikanischer Militärpolizist auf sie zu und befahl ihnen, abzusteigen. Eingeschüchtert sprangen sie vom Zug. Ein siebenjähriger Junge befand sich unter der flüchtenden Gruppe. Er wollte gerade mit den anderen fortlaufen, als er einige Kohlen sah, die unter den Zug gefallen waren. Er krabbelte unter den Zug, um die Kohle zu ergattern. Gerade als er nach der Kohle greifen wollte, setzte sich der Zug in Bewegung. Die dabeistehenden Leute schrien entsetzt auf, doch niemand wagte es, sein eigenes Leben aufs Spiel zu setzen, um den Jungen zu retten.

Da lief ein Mann in mittleren Jahren neben den Zug. Mit ganzer Kraft zerrte er den Jungen von den Schienen fort in Sicherheit. Aber er selbst schaffte es nicht mehr. Im nächsten Augenblick hörten wir das Krachen seiner Knochen, als die Stahlräder des Zugs seinen Körper zermalmten. Dieser Mann hatte für den kleinen Jungen sein Leben gegeben. Der Mann war der Vater des Jungen."[36]

Wie der Vater dieses Jungen liebt Jesus uns so sehr, dass er an unserer Stelle starb. Wir alle sind wie Schafe, die „in die Irre" gegangen sind. Wir alle haben immer wieder unsere eigenen Wege gewählt, doch er hat die Strafe auf sich genommen. Er wurde von Gott für uns in Gefangenschaft geführt. *„Der Herr lud auf ihn die Schuld von uns allen"* (Vers 6).

Der vierte Gegensatz:
die Schuldigen und der Unschuldige (53,7-9)

„Er wurde misshandelt und niedergedrückt, aber er tat seinen Mund nicht auf. Wie ein Lamm, das man zum Schlachten führt, und wie ein Schaf angesichts seiner Scherer, so tat auch er seinen Mund nicht auf. Durch Haft und Gericht wurde er dahingerafft, doch wen kümmerte sein Geschick? Er wurde vom Land der Lebenden abgeschnitten und wegen der Verbrechen seines Volkes zu Tode getroffen. Bei den Ruchlosen gab man ihm sein Grab, bei den Verbrechern seine Ruhestätte, obwohl er kein Unrecht getan hat und kein trügerisches Wort in seinem Mund war."

Der Tod des Knechts geschah freiwillig und unverdient, aber er wusste, welche Bedeutung das hatte, was er tat. Diese Prophetie ist von außerordentlicher Genauigkeit. Der Prophet sah das Schweigen des unschuldigen Jesus voraus.

„Er wurde misshandelt und niedergedrückt, aber er tat seinen Mund nicht auf. Wie ein Lamm, das man zum Schlachten führt, und wie ein Schaf angesichts seiner Scherer, so tat auch er seinen Mund nicht auf" (Vers 7). Sein Schweigen beeindruckte seine Freunde. Petrus schrieb: *„Er wurde geschmäht, schmähte aber nicht; er litt, drohte aber nicht, sondern überließ seine Sache dem gerechten Richter"* (1. Petrus 2,23). Es beeindruckte auch seinen Bruder Jakobus, der schrieb, dass der Mensch, der seine Zunge vollkommen im Zaum hat, auch alles kontrollieren kann, was er tut (Jakobus 3,2).

Es beeindruckte sogar seine Feinde. *„Er [Pilatus] stellte ihm viele Fragen, doch Jesus gab ihm keine Antwort"* (Lukas 23,9). Als Jesus vor Pilatus stand, *„gab [er] ihm keine Antwort"* (Johannes 19,9), *„sodass Pilatus sich wunderte"* (Markus 15,5). Wenn ein Mensch gekreuzigt wurde, konnte er sich nur mit seinem Mund wehren. Opfer am Kreuz fluchten und schimpften gewöhnlich, wie die zwei Verbrecher links und rechts neben Jesus. Das war eine normale und natürliche Reaktion. Jesu Schweigen angesichts größter Schmerzen erstaunte die Umstehenden. Als der römische Hauptmann sah, wie Jesus starb, sagte er: *„Wahrhaftig, dieser Mensch war Gottes Sohn"* (Markus 15,39).

Die Todesart Jesu war Verbrechern vorbehalten, doch Jesus selbst war nicht schuldig: er starb unter ungerechten Anklagen. Er wurde nicht wegen eigener Missetaten *„vom Land der Lebenden abgeschnitten"*, sondern *„wegen der Verbrechen seines Volkes."* Unter menschlichen Voraussetzungen war es eine unzutreffende Bestrafung, doch aus Gottes Sicht war es der *„Königsweg"* der Erlösung.

In Vers 9 finden wir eine ungewöhnliche Kombination. Er starb mit den Verbrechern und bei ihnen

wurde ihm ein Grab zugewiesen. Normalerweise
wären die Leichen einer Kreuzigung in eine Art Müll-
kippe mit dem Namen „Gehenna", ein Tal außerhalb
Jerusalems, geworfen worden. Doch obwohl man ihm
bei den Gottlosen ein Grab zuwies, war er *„bei einem
Reichen ... in seinem Tod"* (Elberfelder).

Thomas Adler, ein rumänischer Arzt, befand sich
während des Zweiten Weltkriegs in einem Arbeits-
lager an der russischen Grenze. Als er geflohen
war, stellte er fest, dass fast alle seine Verwandten in
Auschwitz ums Leben gekommen waren. Schließlich
kam er im April 1948 mit einer Gruppe illegaler Ein-
wanderer aus Zypern in Israel an und studierte später
gemeinsam mit israelischen Intellektuellen hebräische
Geschichte und Archäologie.

*„Geschichte war schon immer mein besonderes
Hobby gewesen; ich begann Bücher über die Schriftrollen von Qumran und andere Literatur zu lesen, und
fing schließlich an, die Bibel zu lesen. Plötzlich stellte
ich fest, dass dieses Buch für mich zum Gegenstand
leidenschaftlicher Lektüre wurde, und einige Jahre
lang las ich immer wieder das Alte Testament und besonders die Propheten, und die folgenden Verse aus
Jesaja machten mich nachdenklich und betroffen. „Er
wurde durchbohrt wegen unserer Verbrechen, wegen
unserer Sünden zermalmt. Zu unserem Heil lag die
Strafe auf ihm" und so weiter. Er wurde „wegen der
Verbrechen **seines** Volkes zu Tode getroffen." Monate-
lang fragte ich mich immer wieder, was diese Verse
zu bedeuten hatten. Warum stand dort, dass **er** wegen
unserer Verbrechen durchbohrt wurde, dass **er** wegen
unserer Sünden zermalmt wurde, dass **wir** durch **seine**
Wunden geheilt sind? Einmal, als ich diese Verse wieder aufmerksam las, begann ich bei Jesaja 52,13 und
dem ganzen 53. Kapitel, und nach gründlicher und
sorgsamer Überlegung kam ich zu dem Schluss, dass*

*dies **nicht** das Volk Israel war. Es musste eine Person sein. Aber wer? Es musste ein auserwählter Knecht Gottes sein. Der Schlüssel kam, als ich las: „Und man gab ihm bei Gottlosen sein Grab, aber bei einem Reichen ist er gewesen in seinem Tod" [Elberfelder]. Plötzlich erinnerte ich mich an eine Geschichte über einen Mann namens Josef aus Arimathäa, einem Reichen, der für einen auserwählten Knecht Gottes ein neues Grab zur Verfügung gestellt hatte. Am nächsten Tag kaufte ich ein Neues Testament und las das Matthäusevangelium aufmerksam durch. Da verstand ich. Diese Person, dieser auserwählte Knecht Gottes, der sich unter die Verbrecher rechnen ließ und der die Sünden vieler getragen hat und der für die Schuldigen eintrat, konnte nur einer sein: Jesus von Nazareth. Der Prophet sah mit außerordentlicher Genauigkeit voraus, dass Josef aus Arimathäa dem Leib Jesu ein solches Schicksal ersparen und ihn in das Grab eines Reichen legen würde" (Johannes 19,38-42).*[37]

Der fünfte Gegensatz:
Tragödie und Triumph (53,10-12)

„Doch der Herr fand Gefallen an seinem zerschlagenen Knecht, er rettete den, der sein Leben als Sühnopfer hingab. Er wird Nachkommen sehen und lange leben. Der Plan des Herrn wird durch ihn gelingen. Nachdem er so vieles ertrug, erblickt er das Licht. Er sättigt sich an Erkenntnis. Mein Knecht, der gerechte, macht die vielen gerecht; er lädt ihre Schuld auf sich. Deshalb gebe ich ihm seinen Anteil unter den Großen, und mit den Mächtigen teilt er die Beute, weil er sein Leben dem Tod preisgab und sich unter die Verbrecher rechnen ließ. Denn er trug die Sünden von vielen und trat für die Schuldigen ein."

Was wie eine Niederlage aussah, war in Wirklichkeit ein Sieg, geplant durch den allmächtigen, souveränen Gott. Der Prophet sagt uns: *„Doch dem Herrn gefiel es, ihn zu zerschlagen"* (Vers 10a; Elberfelder). Am Pfingsttag sagte Petrus dazu: „Ihn, der nach Gottes beschlossenem Willen und Vorauswissen hingegeben wurde, habt ihr durch die Hand von Gesetzlosen ans Kreuz geschlagen und umgebracht" (Apostelgeschichte 2,23). Das entschuldigt diejenigen nicht, die ihn umbrachten, aber wir sehen doch, dass es zum Plan Gottes gehörte. Wie Jesus im Garten Getsemane sagte: *„Nicht mein, sondern dein Wille soll geschehen"* (Lukas 22,42).

Das Kreuz war kein Vorenthalten der Gerechtigkeit, sondern der Brennpunkt des göttlichen Plans, die Welt zu retten. Sein Opfertod war ein *„Sühnopfer"* (Vers 10). Menschenopfer gehörten nie zur alttestamentlichen Norm. Dies war ein einzigartiges Geschehen für alle Zeiten.

Was macht diesen Tod zum Triumph? Erstens wird er *„Nachkommen sehen"* (Vers 10). Der Knecht wird die Frucht seiner Mühen ernten. Wie eine Mutter die Schmerzen der Geburt vergisst, wenn sie ihr Baby erblickt, so wird der Knecht Millionen von Menschen sehen, die durch seinen Tod neues Leben empfangen werden.

Zweitens *„erblickt er das Licht"* (Vers 11). Der Prophet sieht voraus, dass er aus seiner schrecklichen Aufgabe hervortreten und *„lange leben"* wird (Vers 10). Gewiss erhält er hier einen Einblick in die Auferstehung Jesu Christi. Wie Lesslie Newbigin unterstrich, war *„die Auferstehung nicht die Umkehrung einer Niederlage, sondern die Manifestation eines Sieges."*

Drittens *„sättigt er sich"* (Vers 11). Jesus erfüllt das Werk, zu dem er gekommen war, wie sein Ausruf am

Kreuz es bestätigte: *„Es ist vollbracht"* (Johannes 19,30). Der Vorhang im Tempel in Jerusalem zerriss von oben nach unten, ein Symbol dafür, dass der Zugang in die Gegenwart Gottes nun möglich war. Jesus erfüllte seine Aufgabe, die Möglichkeit zu schaffen, dass Gott und Menschen einander uneingeschränkt kennen und wieder in Frieden miteinander leben können.

Viertens macht der gerechte Knecht *„die vielen gerecht"* (Vers 11). Das Wort „gerecht" und das Verb „gerecht machen" haben im Hebräischen dieselbe Wurzel: sadeq (auch im Griechischen haben sie dieselbe Wurzel: *dikaios*). Gerechtigkeit bedeutet die rechte Beziehung zu Gott und zu unseren Mitmenschen. Im Prinzip ist das Exil, die Gefangenschaft, vorüber und unsere Beziehung zu Gott ist wiederhergestellt. Das ist das Ergebnis, wenn wir gerecht gemacht werden. Es ist Gottes Erklärung, dass unsere Sünden durch das Werk des Knechts bereinigt wurden und dass Gott uns deshalb als gerecht ansieht: als Menschen, die in einer rechten Beziehung zu ihm leben. Unsere Schuld wurde beseitigt und der Tod besiegt, denn, wie der Prophet voraussagt, *„er lädt ihre Schuld auf sich"* (Vers 11).

Fünftens wird sein Werk ihn als den Mächtigen inthronisieren. *„Deshalb gebe ich ihm seinen Anteil unter den Großen, und mit den Mächtigen teilt er die Beute"* (Vers 12a). Gott gibt seinem Knecht eine Belohnung, als würde er mit ihm die Siegesbeute teilen. Obwohl Jesus in Demut lebte, wurde er in Herrlichkeit erhöht.

Jesus ließ sich „unter die Verbrecher rechnen". Er identifizierte sich in seinem gesamten Dienst mit den Sündern und beendete sein Leben zwischen zwei Verbrechern. Doch dieser Knecht ist sowohl Gott als auch Mensch. Paulus erfasst diese beiden Seiten des Knechts in seiner Beschreibung Jesu:

„Er war Gott gleich, hielt aber nicht daran fest, wie Gott zu sein, sondern er entäußerte sich und wurde wie ein Sklave und den Menschen gleich. Sei Leben war das eines Menschen; er erniedrigte sich und war gehorsam bis zum Tod, bis zum Tod am Kreuz. Darum hat ihn Gott über alle erhöht und ihm den Namen verliehen, der größer ist als alle Namen, damit alle im Himmel, auf der Erde und unter der Erde ihre Knie beugen vor dem Namen Jesu und jeder Mund bekennt: „Jesus Christus ist der Herr" zur Ehre Gottes des Vaters" (Philipper 2,6-11).

Das ist eine absolut gute Nachricht. Alles, was dann im Buch Jesaja folgt, ist eine Folge dessen, was der Knecht nach den Voraussagen dieses Kapitels leisten würde. Unsere Antwort sollte eine Reaktion des Staunens, der Liebe und der Hingabe an Jesus sein.

John Williams arbeitete früher für eine Warenhandlung. Er las gern und hatte ein monatliches Bücherabonnement über die Zusendung je eines *Penguin*-Buches aus der Serie der „Klassiker". Eines der Bücher, die ihm geschickt wurden, war die Ausgabe einer neuen Übersetzung der vier Evangelien von Dr. E. V. Rieu. Er nahm das Buch mit, um es auf dem Weg zur Arbeit zu lesen.

Eines Tages war er nach Büroschluss aufgebrochen, um in einem Jugendklub zu helfen, und saß erst spät abends im Zug nach Hause. Er setzte sich in eine Ecke, schlug das Buch auf und sah, dass er bei Lukas' Schilderung der Kreuzigung angelangt war.

„Im Abteil saßen zwei weitere Männer; einer war ein Engländer, der andere ein Amerikaner. Der Engländer fiel plötzlich zu Boden und hatte einen Anfall. Der Amerikaner sprang auf, um ihm zu helfen, lockerte seine Krawatte und steckte ihm sein Taschentuch in den Mund, damit er sich nicht auf die Zunge biss.

Der Amerikaner sagte zu John Williams: „Tut mir furchtbar leid, aber das passiert jede Woche mehrmals. Sehen Sie, wir haben zusammen im Koreakrieg gekämpft und ich wurde verwundet und im Niemandsland zurückgelassen; und dann kam dieser Mann hier und schleppte mich in Sicherheit. Gerade als wir eine sichere Stellung erreichten, landete eine Granate neben uns, und als wir wieder zu uns kamen, befanden wir uns im Krankenhaus.

Ich wurde als Invalide aus der Armee nach Amerika entlassen, als ich hörte, dass der Engländer nie wieder gesund werden würde. Ich kündigte meine Stelle, löste meine Verlobung und kam nach England, um mich um ihn zu kümmern. Sehen Sie, das hat er für mich getan. Es gibt nichts, was ich nicht für ihn tun würde." Der Zug war im nächsten Bahnhof angelangt. Inzwischen ging es dem Engländer viel besser und er und der Amerikaner stiegen aus. John Williams blieb allein im Abteil zurück, während der Zug durch die dunkle Nacht ratterte. Er fuhr fort, die Geschichte der Kreuzigung zu lesen, während in seinen Ohren die Stimme nachhallte: „Das hat er für mich getan. Es gibt nichts, was ich nicht für ihn tun würde." Plötzlich schlug er das Buch zu, kniete sich im Abteil nieder und gab sein Leben Christus."[38]

Kürzlich erhielt ich einen Brief von einer Frau, die in unserer Gemeinde an einem Alpha-Kurs teilgenommen hatte. Sie beschrieb ihr Leben der Sünde und des Leids mit Alkoholismus, sexuellem Missbrauch, Drogen, Arbeitsverweigerung, ehelicher Gewalt, einer Scheidung und mehreren Selbstmordversuchen. Dann folgten einige Seiten darüber, wie sie versucht hatte, ihr Leben mit Hypnose und Psychotherapie in Ordnung zu bringen. Dann erhielt sie eines Tages einen Anruf von jemandem, der den vorherigen Alpha-Kurs besucht hatte.

„Er hatte gefunden, was ich in all diesen Jahren ge-
sucht hatte ... All diese Jahre, in denen ich mich völ-
lig verlassen, völlig unrein und beschämt fühlte, von
Schuldbewusstsein geplagt wurde und nicht glauben
konnte, dass ich die Vergebung verdiente, nach der ich
mich so sehr sehnte, sollten schon bald zu Ende gehen.
Ich hatte mein Leben in einem düsteren Loch gelebt
und trug eine große Last auf meinen Schultern ... Gott
hat mir vergeben ... weil Jesus Christus all meine
Sünde beseitigt hat, als er für uns alle die Kreuzigung
erlitt und starb ... Diese Last ist jetzt von meinen
Schultern genommen und ich bin voll großer Hoff-
nung, Freude, Begeisterung und Liebe, und alles was
ich möchte, ist, Christus zu dienen und alles zu tun,
was seinem Willen entspricht."

Wenn wir die Liebe Gottes erfahren haben, werden
wir wünschen, dass auch alle anderen Menschen dieselbe Erfahrung machen. Paulus schreibt: *„Denn die*
Liebe Christi drängt uns, da wir erkannt haben: Einer
ist für alle gestorben ... damit die Lebenden nicht mehr
für sich leben, sondern für den, der für sie starb und
auferweckt wurde" (2. Korinther 5,14-15). Die zentrale
Botschaft der Erweckung ist eine Botschaft guter
Nachricht. Es ist eine Botschaft über den leidenden
Knecht Jesus und insbesondere über sein Leben, seinen Tod und seine Auferstehung. Raniero Cantalamessa drückt es so aus:

„Das Entscheidende ist Jesus Christus. Immer,
wenn der Heilige Geist auf neue und frische Art und
Weise auf die Kirche kommt, wird Jesus Christus für
uns lebendig. Jesus Christus wird in den Mittelpunkt
gestellt. Er wird im Geist und in der Kraft, das heißt,
in der Kraft des Geistes, verkündet.

Das ist das erste Modell der Evangelisation, und
wenn wir unsere säkularisierte, moderne Welt neu
evangelisieren wollen, müssen wir damit beginnen:

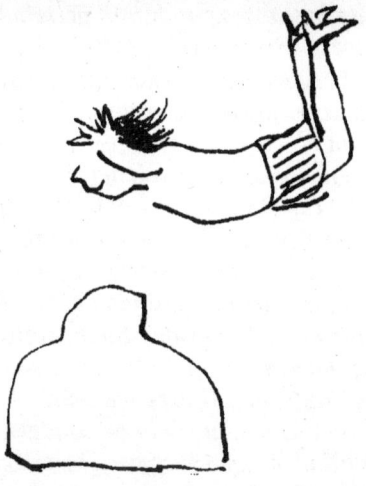

Jesus Christus im Mittelpunkt, Jesus Christus als Herr. Das ist, ich wiederhole es, das Modell jeder Evangelisation. Wir müssen damit beginnen, dass wir dem modernen Menschen die Person Jesu vorstellen, oder noch besser, indem wir der modernen Menschheit helfen, in eine persönliche Beziehung zu Jesus zu treten.

Was die Welt braucht, ist eine persönliche Beziehung zu Jesus als Erlöser und Herr. Wir haben ein so riesiges Erbe an Lehren, dass wir gar nicht erkennen, dass dies zu viel für einen Menschen ist, der Jesus noch nicht kennt, der nicht versteht, wer Jesus ist.

Wir müssen Jesus als Herrn und Erlöser verkündigen und den Menschen helfen zu begreifen, was es bedeutet, Jesus als Erlöser zu haben – nicht im theoretischen Sinn, sondern dass sie jeden Tag einen Erlöser haben, einen, der sie aus der Müdigkeit des Tages, aus ihrer Sünde und ihren Fehlern hebt und sie erneuert. Er rettet uns. Wenn man diesen lebendigen, gekreu-

zigten und auferstandenen Jesus verkündigt, wird immer etwas geschehen."[39]

Das ist nach Aussage von Jonathan Edwards das anfängliche Erkennungszeichen des Geistes Gottes in einer Erweckung.

„Wenn die Wirkungsweise solcher Art ist, dass sie ihre Wertschätzung jenes Jesus erhöht, der von der Jungfrau geboren und an unserer statt gekreuzigt wurde; und wenn sie in ihrem Denken die Wahrheit dessen zu bestätigen und zu gründen scheint, was das Evangelium uns über ihn als den Sohn Gottes und den Erlöser des Menschen erklärt, ist es ein sicheres Zeichen, dass sie vom Geist Gottes stammt.

Der Geist ... wirkt in ihnen ein bewunderungsvolles, köstliches Empfinden der Einzigartigkeit Jesu Christi, zeigt ihn als den Höchsten und macht ihn der Seele kostbar."[40]

So lesen wir über die Erweckung in den USA 1858: *„Nie wurde der Name Christi so geehrt, nie so oft erwähnt, nie war er dem Gläubigen so kostbar. Nie wurde solch glühende Liebe zu ihm ausgedrückt."*[41]

Ohne Jesus wären wir verloren. Erweckung kommt zu einzelnen Männern und Frauen, wenn sie verstehen, was er getan hat, wenn sie die „Wohltaten seines Leidens" empfangen und damit antworten, dass sie ihr Leben für seinen Dienst hingeben. Keine Erweckung kann eine wahre Erweckung sein, wenn diese Botschaft nicht im Mittelpunkt steht. Dr. Martyn Lloyd-Jones schrieb: *„Erweckung ist mehr als alles andere eine Verherrlichung des Herrn Jesus Christus, des Sohnes Gottes. Sie besteht darin, dass er wieder zum Mittelpunkt im Leben der Gemeinde wird."*[42] Wie Paulus, als er nach Korinth ging, sollten auch wir beschließen, *„nichts zu wissen außer Jesus Christus, und zwar als Gekreuzigten"* (1. Korinther 2,2).

6

Worin besteht die Vision?

Jesaja 54

Im Alter von 12 Jahren schloss William Carey (1761-1834) seine Ausbildung ab und wurde Schuhmacher. Als er 14 Jahre alt war, führte ein Kollege ihn zu Christus. Von da an war sein einer brennender Wunsch, Jesus Christus überall in der Welt bekannt zu machen. Bis zu diesem Zeitpunkt hatten britische Gemeinden allerdings im Bereich der Übersee-Mission wenig unternommen, und einige Mitchristen versuchten, Careys Begeisterung zu dämpfen. Als er aufstand und von seiner Vision

„... geh nun hin und mache mir stattdessen einen Kaffee.“

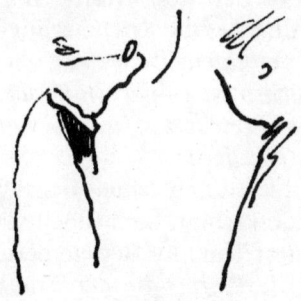

sprach, sagte ein älterer Geistlicher zu ihm: *„Setzen Sie sich, junger Mann ... wenn der Herr die Heiden bekehren möchte, kann er das auch ohne Ihre Hilfe tun."*

1792 schrieb Carey eine Abhandlung, deren vollständiger Titel lautete: *„Eine Untersuchung der Verpflichtung der Christen, Mittel zur Bekehrung der Heiden zu verwenden, wobei der religiöse Zustand der verschiedenen Völker der Welt, der Erfolg früherer Unternehmungen und die Durchführbarkeit weiterer Unternehmungen berücksichtigt werden – von William Carey".*

Er machte darauf aufmerksam, dass Jesus seine Jünger beauftragt hatte *„hinzugehen"* und dass dies *„sie in die Pflicht nahm, sich in jedes Land auf dem bewohnten Globus zu zerstreuen und allen Einwohnern ohne Ausnahme oder Beschränkung zu predigen."* Dies war ein Schlag ins Gesicht der damals allgemein akzeptierten Auffassung der protestantischen Kirchen, nach der Zeit der ersten Apostel gäbe es keine Berufung mehr für die Auslandsmission. Im zweiten Teil seiner Abhandlung wertete Carey frühere Unternehmungen aus, betrachtete Männer wie Justinus den Märtyrer im 2. Jahrhundert und Johannes Calvin, der gesagt hatte, dass der Missionsbefehl keine Verjährungsklausel oder sonstige Einschränkung enthielt: „Geht hin" bedeutet „ihr" und „jetzt"! Im dritten Abschnitt fasste er den gegenwärtigen Zustand der Welt zusammen und rief die Kirche schließlich zu flehentlichem und vereintem Gebet auf. Er schloss mit den Worten: *„Gewiss ist es der Mühe wert, dass wir uns mit ganzer Kraft einsetzen, um die Sache und das Königreich Christi zu fördern."*

Im Mai 1792 hielt Carey eine höchst bedeutsame und elektrisierende Predigt. Sein Bibeltext war Jesaja 54,2-3. Sein Biograf Timothy George berichtet:

„Carey nahm die Worte, die der Prophet in einer

Zeit der Bedrängnis an das frühe Israel richtete, und bezog sie auf die Kirche seiner Zeit. In der Tat gab es in seiner eigenen Kirchenerfahrung vieles, was das von Jesaja gezeichnete düstere Bild bestätigte: eine unfruchtbare Witwe, ihres Mannes beraubt, ohne Nachkommen, die ihr Hoffnung oder Freude geben könnten. Dennoch ruft der Prophet zum Jubel, nicht zur Klage auf; zur Freude, nicht zum Kummer. Die Verheißung ist diese: Gott wird in Kürze die Gemeinde wiederherstellen und sein Werk wird außerordentlich und wunderbar sein ... es wird eine Ausbreitung im Volk Gottes geben, ein Hereinbringen anderer von rechts und von links, ein Gewinnen der Heiden, die noch in den Bund der Gnade eingeschlossen werden sollen. Das Gewicht der Predigt gipfelte in einem zusammenfassenden Reimpaar: ‚Erwarte [von Gott] große Dinge. Versuche [für Gott] große Dinge.'[43]

Was konnte eine kleine Schar Baptisten an einem rückständigen Ort in Northamptonshire tun, um die Welt zu evangelisieren? Einhundert Jahre später sagte F. W. Farrar, Kanonikus der *Westminster Abbey* und später Dekan von Canterbury, über die Spötter: *„Diejenigen, die damals höhnten, England habe einen Schuster ausgesandt, um die Welt zu bekehren, waren die direkten Nachfahren jener, die vor 2000 Jahren in Palästina höhnten: ‚Ist das nicht der Zimmermann?'"*

William Carey ist heute allgemein als „Vater der modernen Mission" anerkannt. Er selbst ging für vierzig Jahre nach Indien. Er übersetzte das Neue Testament in die Sprachen Bengali und Sanskrit. Er hatte eine Vision, der Welt Christus zu predigen, und zu diesem Zweck verkündigte er das Evangelium und kämpfte gegen die Übel der Gesellschaft. Er hatte einen wesentlichen Einfluss auf die Bekehrung von Menschen in aller Welt. Im Westen beruht sein Ansehen nicht nur auf seiner bemerkenswerten Übersetzungsarbeit, sondern auch auf seinen Ideen und Philosophien, an denen sich zukünftige Missionen orientieren sollten. Infolge seiner Überlegungen zogen Missionare in zuvor unbekannte Enden der Erde.

Den Hintergrund der Kapitel 54 und 55 im Buch Jesaja bildet wieder das Exil, die babylonische Gefangenschaft. Israel wird mit einer Frau verglichen, die sich verlassen fühlt, ihres Mannes, ihrer Kinder und ihres Heims beraubt. Aber genau das sind die drei Dinge, die Gott ihr wiedererstatten wird. Wie ist das möglich? Der Schlüssel zu den Kapiteln 54 und 55 lautet: *„antworten"*. Wir müssen auf das antworten, was Gott – wie in 52,10 bis 53,12 beschrieben – durch seinen Knecht getan hat. Der Knecht hat Sünde beseitigt und Fruchtbarkeit, Frieden und Gerechtigkeit möglich gemacht. Es gibt eine zweifache Aufgabe: erstens die Wiederherstellung der Überlebenden Israels (Kapitel 54) und zweitens das Hinaustragen der Wahrheit Gottes zu den Heiden (Kapitel 55).

Das Gebot, zu wachsen und hinzugehen
(Verse 1-3)

„Freu dich, du Unfruchtbare, die nie gebar, du, die nie in Wehen lag, brich in Jubel aus und jauchze! Denn die Einsame hat jetzt viel mehr Söhne als die Vermählte, spricht der Herr. Mach den Raum deines Zeltes weit, spann deine Zelttücher aus, ohne zu sparen. Mach die Stricke lang und die Pflöcke fest! Denn nach rechts und links breitest du dich aus. Deine Nachkommen werden Völker beerben und verödete Städte besiedeln."

Im antiken Israel war Unfruchtbarkeit ein Zeichen der Schande für eine Frau. Doch nun wird Israel aufgefordert, zu jubeln und sich zu freuen (Vers 1a), weil

Gott ihr so viele Kinder geben wird (Vers 1b), dass sie eine größere Wohnstätte benötigen wird. Das Bild ist hier das eines Beduinenzeltes (Vers 2), das relativ leicht zu erweitern ist. Zusätzliche Häute mussten in die Zeltwand eingefügt werden. Zweitens waren längere Stricke erforderlich (Vers 2b). Drittens wurden stärkere Pflöcke benötigt, um das Gewicht halten zu können (Vers 2b). So wurde das Zelt weit genug, um eine größere Familie zu beherbergen.

„Bemüht euch, nicht die Seiten zu berühren."

Gott sehnt sich danach, dass die Kirche wächst und sich ausbreitet. Zuerst müssen wir starke Gemeindefundamente legen (Vers 2). Wir können unsere Liebe und Hingabe an Gott durch Gebet, Bibelstudium, den Aufbau von Hauskreisen und die Durchführung von Schulungskursen sowie durch viele andere Methoden vertiefen. Aber wir warten nicht, bis all das vollendet ist, bevor wir hinausgehen.

Zweitens werden wir aufgerufen, mehr Kinder zu haben (Vers 1). Die heutige Gemeinde hat die von Gott gegebene Berufung geerbt, ein Licht und ein Segen für die übrige Welt zu sein. Jesaja sieht das zahlenmäßige Wachstum des Volkes Gottes klar voraus, doch ein großer Teil der Kirche wächst heute nicht. Der Gemeindewachstumsexperte Dr. Peter Wagner hat darauf hingewiesen, dass eine der effektivsten Strategien der Evangelisation darin besteht, neue Gemeinden in Gegenden zu pflanzen, in denen es nur wenige Christen gibt.

„Normalerweise kann dann ein rapides Gemeindewachstum erlebt werden, wenn nicht nur Individuen für Christus gewonnen werden, sondern wenn sich gleichzeitig auch Gemeinden multiplizieren ... in den meisten Teilen der Welt besteht eine direkte Korrelation zwischen Gemeindegründungen und der Gemeindewachstumsrate ... Immer wieder haben Untersuchungen gezeigt, dass Gemeindegründungen die effektivste evangelistische Methode sind, die auf Erde bekannt ist.“[44]

Wir können auf Gottes Verheißung vertrauen und uns in dem Wissen freuen (Vers 1), dass mehr Menschen seiner Gemeinde hinzugefügt werden, wenn wir mit Gott zusammenarbeiten.

Drittens sind wir aufgefordert, eine weitere Sicht zu bekommen (Vers 3). Das Evangelium von Jesus Christus ist allgemeine Wahrheit für die gesamte Welt. Die Lausanner Verpflichtung, die 1974 vom Internationalen Kongress zur Weltevangelisation verabschiedet wurde, enthält eine bedeutsame Definition von Evangelisation. *„Evangelisieren heißt“*, so wird dort festgestellt, *„die gute Nachricht zu verbreiten, dass Jesus Christus für unsere Sünden starb und von den Toten auferstand und dass er jetzt die Vergebung der Sünden und die befreiende Gabe des Geistes allen denen anbietet, die Buße tun und glauben ... Das Ergebnis der Evangelisation schließt Gehorsam gegenüber Jesus*

Christus, Eingliederung in seine Gemeinde und ver-
antwortlichen Dienst in der Welt ein."[45]

Das Potenzial ist gewaltig. Obwohl ein Drittel der Weltbevölkerung den Namen Christi bekennt, haben Millionen noch nicht einmal von Christus gehört. Es gibt einen dringenden Bedarf. Uns, die wir Christen sind, ist die beste Nachricht der ganzen Welt anvertraut. Wir können einfach nicht herumsitzen und sie selbstsüchtig genießen. Wir müssen die Botschaft hinaustragen.

Alle drei Dinge geschehen gleichzeitig. Bischof Lesslie Newbigin unterstreicht, dass es oft

„als selbstverständlich erachtet wird, dass die missionarische Verpflichtung eine ist, die es zu erfüllen gilt, **nachdem** *die Bedürfnisse der eigenen Familie ganz gestillt sind; dass die bestehenden Zuwächse gründlich konsolidiert werden müssen, bevor wir weiter aufs Feld hinausgehen; dass die weltweite Gemeinde mit derselben Art sorgfältiger Berechnungen der vorhandenen Mittel und der Kosten aufzubauen ist, wie sie von jedem geschäftlichen Unternehmen erwartet wird."*

Er fährt fort:

„Müssen wir dies nicht der Art von Strategie gegenüberstellen, die das Neue Testament offenbart und bei der es sich um eine Art Entschlossenheit zu handeln scheint, Gottes Anspruch der ganzen Welt zugleich darzulegen, ohne zu erwarten, dass ein Gebiet völlig bearbeitet sein muss, bevor das nächste in Angriff genommen wird? So verbietet unser Herr seinen Jüngern, zu bleiben und mit denen zu argumentieren, die sie nicht aufnehmen, und fordert sie stattdessen auf, zum Zeugnis den Staub von ihren Füßen zu schütteln und weiterzugehen. Und Paulus' missionarische Planung eilt bis an die Enden der bekannten Welt und drängt ihn von einem Arbeitsfeld zum nächsten,

nicht, wenn die Gemeinde vollständig aufgebaut ist, sondern wenn das Evangelium vollständig gepredigt worden ist. "[46]

Pastorale Fürsorge und Auferbauung der Gemeinde geschehen, während die Gemeinde den Auftrag Jesu erfüllt. Bischof Lesslie Newbigin sagt dazu:

„An Christus teilzuhaben heißt, an seiner Mission für die Welt teilzuhaben, und deshalb werden wahre pastorale Fürsorge, wahre Schulung in der christlichen Lebensführung und wahrer Gebrauch der Gnadenmittel gerade in der und für die Ausführung dieser missionarischen Aufgabe liegen. Im Sinne der Erfahrung der indischen Dorfgemeinde, wie ich sie kenne, bedeutet dies, dass eine neu getaufte Versammlung nicht **zuerst** *in Gemeindedingen und* **dann** *in der missionarischen Verantwortung gegenüber den benachbarten Dörfern geschult wird. Sie erhält ihre Schulung in Gemeindedingen gerade in der Ausführung ihrer missionarischen Verantwortung. ‚Konsolidierung' wird nicht die Alternative zur Ausbreitung sein: ganz im Gegenteil wird Ausbreitung die Methode der Konsolidierung sein.* "[47]

Das Hinausgehen in die Welt um uns her ist kein „Bauen des Reiches", sondern eher eine Antwort auf Gottes Ruf, das Königreich Gottes auf Erden kommen zu sehen. Dies ist nicht etwas, das irgendeine Gemeinde auf sich gestellt leisten könnte; vielmehr ist es in der letzten Zeit eine reale Möglichkeit geworden, indem Gemeinden verschiedener Denominationen aus der ganzen Welt zusammenarbeiten.

Die abschließende Erklärung auf dem Berliner Kongress zur Evangelisation 1966 enthält die Worte: *„Unser Ziel ist nicht weniger als die Evangelisation der Menschheit in dieser Generation."* Billy Graham sagte bei dieser Gelegenheit: *„Die evangelistische Ernte ist immer dringend. Ständig entscheidet sich das*

Schicksal von Menschen und von Völkern. Jede Gene-
ration ist entscheidend; jede Generation ist strategisch
wichtig. Aber wir sind nicht für die vergangene Gene-
ration verantwortlich, und wir können nicht die volle
Verantwortung für die nächste Generation tragen. Wir
haben jedoch unsere Generation! Gott wird uns vor
dem Richterstuhl Christi zur Rechenschaft ziehen, wie
wir unsere Verantwortung erfüllt und unsere Gelegen-
heiten genutzt haben."[48]

Diese Aufgabe ist nicht die exklusive Berufung von
„Evangelisten" oder Pastoren; sie gilt dem ganzen
Volk Gottes. Papst Johannes Paul II. sagte 1990 in
einer Ansprache in Vera Cruz, Mexiko: *„Das Werk der*
Verkündigung des Evangeliums an alle Völker ist eine
Verantwortung, die allen und jedem obliegt, der durch
die Gnade des Herrn Christ ist und sich Christ
nennt."[49] Billy Graham hat gesagt: *„Ich glaube, eine*
der größten Prioritäten der Kirche heute besteht darin,
die Christen zu mobilisieren, das Werk der Evangeli-
sation zu tun."[50]

Die Notwendigkeit, unsere Prioritäten zurechtzurücken (Verse 4-10)

„Fürchte dich nicht, du wirst nicht beschämt; schäme
dich nicht, du wirst nicht enttäuscht. Denn die
Schande deiner Jugend wirst du vergessen, an die
Schmach deiner Witwenschaft wirst du nicht mehr
denken. Denn dein Schöpfer ist dein Gemahl, ‚Herr
der Heere' ist sein Name. Der Heilige Israels ist dein
Erlöser, ‚Gott der ganzen Erde' wird er genannt. Ja,
der Herr hat dich gerufen als verlassene, bekümmerte
Frau. Kann man denn die Frau verstoßen, die man in
der Jugend geliebt hat?, spricht dein Gott. Nur für eine
kleine Weile habe ich dich verlassen, doch mit großem

*Erbarmen hole ich dich heim. Einen Augenblick nur
verbarg ich vor dir mein Gesicht in aufwallendem
Zorn; aber mit ewiger Huld habe ich Erbarmen mit
dir, spricht dein Erlöser, der Herr.*

*Wie in den Tagen Noachs soll es für mich sein: So
wie ich damals schwor, dass die Flut Noachs die Erde
nie mehr überschwemmen wird, so schwöre ich jetzt,
dir nie mehr zu zürnen und dich nie mehr zu schelten.
Auch wenn die Berge von ihrem Platz weichen und die
Hügel zu wanken beginnen – meine Huld wird nie von
dir weichen und der Bund meines Friedens nicht wanken, spricht der Herr, der Erbarmen hat mit dir."*

Nun geht der Prophet vom Bild der wachsenden Familie über zum Vergleich mit der Ehe. Wenn im ersten
Abschnitt das entscheidene Bild die Fruchtbarkeit war,
so ist es hier „*Friede*" (Vers 10).

Der Abschnitt beginnt mit der häufigsten Aufforderung in der Bibel: „*Fürchte dich nicht*" (Vers 4), die
366-mal vorkommt. Die Vision ist so umfassend, dass
wir ängstlich werden könnten, aber Gott sagt, das
brauchen wir nicht zu sein. Wir können völlige Zuversicht haben, weil er verspricht, dass die Geschichte
vergangenen Versagens und Schwäche ganz und gar
hinter uns liegt: „*Schäme dich nicht, du wirst nicht
enttäuscht. Denn die Schande deiner Jugend wirst du
vergessen, an die Schmach deiner Witwenschaft wirst
du nicht mehr denken*" (Vers 4).

Außerdem brauchen wir uns nicht zu fürchten, weil
„*dein Schöpfer ... dein Gemahl*" ist (Vers 5). Wie wir
gesehen haben, kommt Jesajas Vergleich unserer Beziehung zu Gott mit der zwischen einem Ehemann
und seiner Frau in der Bibel häufig vor (z.B. Hosea 1-
3; Jesaja 62,5; Jeremia 2,2; Ezechiel 16,8; Markus
2,19). Die Propheten erklärten, dass Israel eine untreue Ehefrau gewesen war und ihren eigenen Götzen
gefolgt war.

Gott gibt jedoch drei Zusicherungen: Erstens wird er ihre Beziehung zu ihm wiederherstellen: *„Nur für eine kleine Weile habe ich dich verlassen, doch mit großem Erbarmen hole ich dich heim"* (Vers 7). Die kurze Periode der Entfremdung wird der Größe der göttlichen Liebe und Versöhnung gegenübergestellt – die Periode des Exils ist unbedeutend im Vergleich zur Unermesslichkeit der Liebe, mit der er sein Volk zurückholen wird.

Zweitens ist seine Freundlichkeit endlos und immer während im Gegensatz zu einem kurzen Aufflammen des Zorns über die Sünde seines Volks: *„Einen Augenblick nur verbarg ich vor dir mein Gesicht in aufwallendem Zorn; aber mit ewiger Huld habe ich Erbarmen mit dir, spricht dein Erlöser, der Herr"* (Vers 8).

Drittens zeichnet seine Liebe sich durch Beständigkeit aus: *„Wie in den Tagen Noahs soll es für mich sein: So wie ich damals schwor, dass die Flut Noachs die Erde nie mehr überschwemmen wird, so schwöre ich jetzt, dir nie mehr zu zürnen und dich nie mehr zu schelten"* (Vers 9). Gott wird einen ewigen Bund der Liebe und des Friedens schließen (Vers 10).

All das ist wieder abhängig vom Werk des Knechts, denn *„die Strafe (liegt) auf ihm zu unserem Frieden"* (Jesaja 53,5; Elberfelder). Das hebräische Wort für Frieden, schalom, bedeutet Wohlergehen in jeder Hinsicht.

Wie bereits gesagt, folgte Israel im Exil anderen Göttern nach. Nun ruft Gott sein Volk aus diesen treuebrechenden Beziehungen heraus, zurück in eine innige Beziehung zu ihm. Die Versuchung, anderen Göttern nachzufolgen, wird immer gegenwärtig sein. Manchmal ist sie ziemlich offenkundig, wenn wir zum Beispiel unser Leben für Geld, Sex oder Macht opfern. In anderen Fällen ist die Verlockung subtiler. Ich hörte

einen amerikanischen Gemeindeleiter einmal über die Versuchung sprechen, etwas anderes als Gott zu unserer ersten Priorität zu machen. Er sagte, dass er manchmal versucht wurde, seinen Dienst über seine Beziehung zu Gott zu stellen. Er beschrieb dies mit dem Bild eines Mannes, der sich in die Zwillingsschwester seiner Frau verliebt.

Sie sieht vielleicht haargenau so aus wie seine Frau und man kann es als „richtig empfinden", sie zur Priorität zu machen, aber es wäre dennoch eine ehebrecherische Beziehung. Natürlich gibt es auch eine angemessene Liebe zu unserem Dienst, doch unsere erste Liebe sollte unserem Schöpfer gelten. Nichts, nicht einmal der Tod, kann uns diese ewig während Beziehung rauben.

Das Versprechen des Sieges (Verse 11-17)

„Du Ärmste, vom Sturm Gepeitschte, die ohne Trost ist, sieh her: Ich selbst lege dir ein Fundament aus Malachit und Grundmauern aus Saphir. Aus Rubinen mache ich dir deine Zinnen, aus Beryll deine Tore und alle deine Mauern aus kostbaren Steinen. Alle deine Söhne werden Jünger des Herrn sein, und groß ist der

Friede deiner Söhne. Du wirst auf Gerechtigkeit ge-
gründet sein. Du bist fern von Bedrängnis, denn du
brauchst dich nicht mehr zu fürchten, und bist fern
von Schrecken; er kommt an dich nicht heran. Wenn
dich jemand angreift, misslingt es, denn es geschieht
ohne mich; wer dich angreift, fällt im Kampf gegen
dich. Ich habe den Schmied erschaffen, der das Koh-
lenfeuer entfacht und Waffen erzeugt, wie es seinem
Handwerk entspricht. Ich habe auch den, der vernich-
tet, erschaffen, damit er zerstört. Keine Waffe wird
etwas ausrichten, die man gegen dich schmiedet; jede
Zunge, die dich vor Gericht verklagt, strafst du Lügen.
Das ist das Erbteil der Knechte des Herrn: Von mir
kommt ihre Rettung – Spruch des Herrn."

Im dritten Abschnitt dieses Kapitels wechselt der
Prophet vom Bild der Familie und des Ehemanns zum
Bild des Heims und der Stadt. Das Schlüsselwort in
diesem Abschnitt ist *„Gerechtigkeit"* (Vers 14) und es
bezieht sich vor allem auf den Wiederaufbau Jerusalems, der unter der Leitung Nehemias geschehen
sollte. Dieser Wiederaufbau der Mauern Jerusalems
wird oft als Sinnbild für den Wiederaufbau der Gemeinde verstanden. Erstens verspricht Gott, dass die
Herrlichkeit Jerusalems wiederhergestellt werden
wird: *„Du Ärmste, vom Sturm Gepeitschte, die ohne*
Trost ist, sieh her: Ich selbst lege dir ein Fundament
aus Malachit und Grundmauern aus Saphir. Aus Ru-
binen mache ich dir deine Zinnen, aus Beryll deine
Tore und alle deine Mauern aus kostbaren Steinen"
(Verse 11-12). Dies ist ein Bild überwältigender Pracht,
einer Stadt, die Gottes Herrlichkeit widerspiegelt.

Zweitens verheißt Gott den Bewohnern dieser Stadt
wunderbare Privilegien: *„Alle deine Söhne werden*
Jünger des Herrn sein, und groß ist der Friede deiner
Söhne" (Vers 13). Der Knecht hatte gesagt: *„Jeden*
Morgen weckt er mein Ohr, damit ich auf ihn höre wie

ein Jünger" (Jesaja 50,4). Nun werden alle im Volk Gottes *„Jünger des Herrn"* sein. Gott wird ihnen die Fähigkeiten geben, die sie für den Wiederaufbau brauchen, und er wird ihnen zeigen, was sie tun sollen.

Drittens verspricht Gott seinen Schutz (Verse 14-17): *„Du wirst auf Gerechtigkeit gegründet sein"* (Vers 14a). Das in Kapitel 53 beschriebene Werk des Knechts bestand darin, *„die vielen gerecht"* zu machen (Jesaja 53,11). Das Volk Gottes ist vollständig angenommen und in seinen Augen gerecht. Gott verspricht seinen umfassenden Schutz.

Er verheißt: *„Du bist fern von Bedrängnis"* (Vers 14b). In diesem Vers bezieht sich die *„Bedrängnis"* auf eine innere Bedrohung der Gesellschaft. Eine der Hauptgefahren für die heutige Gesellschaft liegt in der inneren Bedrohung durch Uneinigkeit. Gott verspricht seinen Schutz vor dieser Gefahr. Zweitens verheißt er: *„du ... bist fern von Schrecken; er kommt nicht an dich heran"* (Vers 14b). Ein *„Schrecken"* ist hier ein Angriff von außen. Wieder ist Gott souverän, und kein Angriff gegen das Volk des Herrn kann letztlich gelingen (Vers 15).

Gott steht über den Menschen, ihrem Wissen, ihren Fähigkeiten und allem, was sie zu Stande bringen können (Vers 16). Selbst mechanische Mittel stehen unter seiner Kontrolle. Außerdem ist er souverän in Bezug auf die Absicht hinter einem Angriff (Vers 16c) – *„Ich habe auch den, der vernichtet, erschaffen, damit er zerstört."* Es handelt sich hier um einen starken hebräischen Ausdruck dafür, dass Gott das Böse zulässt, darüber herrscht und Gutes daraus hervorbringt. Und schließlich herrscht er souverän über den Ausgang: *„Keine Waffe wird etwas ausrichten, die man gegen dich schmiedet; jede Zunge, die dich vor Gericht verklagt, strafst du Lügen"* (Vers 17).

Das Feuer mag lodern, aber es wird nicht verbrennen.

Bis zu diesem Punkt wurde das Wort *„Knecht"* im Singular verwendet. Nun bezieht sich der Prophet auf *„die Knechte des Herrn"* (Vers 17c). Das erlösende Werk des *„Knechts"* bringt *„Knechte"* hervor, die vom Herrn Rettung empfangen, den Status der *„Gerechtigkeit"* (Vers 17; Elberfelder), das heißt, sie sind befreit und erlöst. Der Stand dieser Knechte vor Gott könnte gar nicht ehrenvoller sein.

Kürzlich machte ich in geringerem Umfang eine Erfahrung mit der Souveränität Gottes. Ich war mit einem Team unterwegs, um bei Alpha-Konferenzen in Kanada und Nord-Amerika zu sprechen, und fast alles, was schief gehen konnte, ging schief. Es war, als stünden wir unter Beschuss und als wollte der Teufel verhindern, dass die Alpha-Kurse in Amerika starten. Unsere Materialien wurden vom Zoll beschlagnahmt und man wollte sie uns trotz der Tatsache nicht wieder aushändigen, dass der Zoll in voller Höhe bezahlt worden war. Wir bezahlten ihn ein zweites Mal, doch selbst dann gaben sie die Materialien nicht heraus. Am Eröffnungstag der Konferenz in Toronto war nichts angekommen, und die Konferenzteilnehmer wollten natürlich zuerst die Bücher einsehen und die Materialien begutachten. Etwa 500 Personen fragten voller Interesse nach den Materialien. Am Ende des ersten Tages trafen sie endlich ein.

An diesem Abend wurde in mein Hotelzimmer eingebrochen. Gestohlen wurden unter anderem meine Brieftasche, meine Bibel (einschließlich der Notizen aus dreizehn Jahren), mein Timer mit Notizen für die Vorträge, mein Notizbuch mit Adressenverzeichnis und meine Papiere, einschließlich Führerschein und Pass.

Also mussten wir unmittelbar vor Konferenzbeginn

hektische Telefonate mit der Polizei und meiner Bank in England führen. Besonders gravierend war es, keinen Pass zu besitzen. Am Dienstag und Mittwoch der folgenden Woche sollte ich eine weitere Konferenz in Washington D.C. leiten. Am Donnerstag wurde der Diebstahl festgestellt. Vor uns lag das Wochenende, und am Montag war in Nordamerika Tag der Arbeit, an dem alle Behörden geschlossen sind. Es gab keine Möglichkeit, in Toronto einen neuen Pass zu bekommen, und so musste ich am Freitagmorgen nach Ottawa fliegen. Da ich am zweiten Vormittag der Konferenz in Toronto (am Freitag) nicht referieren sollte, buchte ich einen Flug nach Ottawa am Morgen und den Rückflug um die Mittagszeit, um zur Nachmittagsveranstaltung um 14 Uhr wieder zurück zu sein.

Als ich in der Passbehörde in Ottawa ankam, erklärte der Mann am Schalter, dass meine Papiere aus Toronto noch nicht angekommen seien. Außerdem hatte er keine Nachricht aus England erhalten und mein Name war nicht einmal in seinem Computer registriert. Ich musste mich auf den Weg machen, neue Fotos besorgen und erneut bezahlen. Als ich zurückkam, sagten sie, es sei höchst unwahrscheinlich, dass sie einen Pass würden ausstellen können, da sie die entsprechenden Auskünfte aus England noch nicht erhalten hatten. Inzwischen blieben mir nur noch neunzig Minuten bis zu meinem Rückflug.

Ich beschloss, in England anzurufen. Man sagte mir, dass das nächste Telefon etwa fünf Minuten entfernt in der Royal Bank zu finden war. Ich rannte hin und fand eine Angestellte namens Miriam, der ich eine Ausgabe der *Alpha News* mit meinem Foto und den Daten der Konferenz zeigte. Ich erklärte ihr, was mit meinem persönlichen Papieren geschehen war. Sie gestattete mir, ein R-Gespräch nach England zu führen. Während ich mit England telefonierte, las sie eifrig in den *Alpha News*. Schließlich erreichte ich meine Frau und bat sie dringend, alle mehr oder weniger einflussreichen Bekannten zu bitten, das Hochkommissariat in Ottawa anzurufen.

Daraufhin lief ich zum Konsulat zurück und bat erneut um ein Gespräch mit dem Hochkommissar, Sir Nicholas Bayne. Die Angestellten schickten mich außen herum zur anderen Seite des Gebäudes. An der Rezeption angekommen wurde mir mitgeteilt, ich sei an den falschen Ort gekommen, um den Hochkommissar zu sehen, und solle wieder zur Passstelle zurückkehren. Also rannte ich wieder zurück. Mittlerweile war der Sicherheitsbeamte, der mich am Eingang jedes Mal kontrollieren musste, sauer und machte es mir immer schwerer, hineinzukommen. Mir blieben noch fünfunddreißig Minuten. Als ich wieder am Schalter ankam, erklärte der Mann, sie würden ihr Möglichstes tun, um mir einen Pass auszustellen. Der Hochkommissar war nun über die Situation informiert. Ich fragte: *„Haben Sie irgendwelche Anrufe erhalten?"* *„Ja"*, erwiderte er, *„es hat sogar ein Bischof angerufen!"* Mir wurde gesagt, der Pass werde in zehn Minuten fertig sein, doch ich müsse auch ein Visum der amerikanischen Botschaft besorgen.

Die amerikanische Botschaft war fünf Minuten entfernt, und davor war eine lange Schlange. Ich erklärte dem Herrn am Eingang, wie dringend meine Lage war, doch er sagte, mir bliebe nichts anderes übrig, als mich in die Schlange einzureihen. Plötzlich sah ich eine Frau an einem leeren Schalter. Ich ging zu ihr und erklärte ihr meine Situation. Sie meinte: *„Ich glaube nicht, dass Sie ein Visum brauchen, aber ich werde das prüfen. Gehen Sie und holen Sie Ihren Pass, damit Sie keine Zeit mehr verlieren."* Ich eilte zum britischen Konsulat zurück. Inzwischen hatte der Sicherheitsbeamte die Nase voll und sagte, das wäre das letzte Mal, dass er mich hineinlassen würde. Ich ging hinauf, holte den Pass und eilte zur amerikanischen Botschaft zurück. Sie erklärten, dass sie alles geprüft hatten und dass ich kein Visum brauchte.

Wir fuhren so schnell es ging zum Flughafen, aber wir verpassten den Mittagsflug um wenige Minuten. Um ein Uhr startete keine Maschine, also wechselte ich die Fluggesellschaft. Ich wurde auf die Warteliste gesetzt, aber es hieß, die Aussichten auf einen Platz in der 13-Uhr-Maschine seien gering, es sei denn, ich wechselte in die erste Klasse. Ich war einverstanden. Sie sagten, ich müsse mit Kreditkarte bezahlen, doch ich hatte nur Bargeld dabei. Ich musste zum Büro hinuntergehen, um dort bar zu bezahlen. Um zehn vor eins erfuhr ich schließlich, dass ich mitfliegen konnte. Ich kam gerade rechtzeitig zum zweiten Teil der Konferenz an.

Inzwischen waren eine Unmenge Gebete zum Himmel aufgestiegen! Ein Gebetstreffen wurde in Toronto gehalten und ein weiteres in meiner Heimatgemeinde in London, die von der Krise erfahren hatte. Dann waren mir zwei Christen am Flughafen von Ottawa begegnet, die ständig gebetet hatten. Diese beiden Männer, die den ganzen Vormittag bei mir geblieben waren, hatten sich auf dem Weg zum Konsulat nach der Konferenz erkundigt, die ich in Toronto leitete. Es stellte sich heraus, dass sie am Abend zuvor bei einer Besprechung von Hausgruppenleitern gewesen waren und den Eindruck hatten, dass Gott ihre Gemeinde aufrief, sich evangelistisch neu zu engagieren. Daraufhin hatten sie Gott gebeten, ihnen zu zeigen, was sie tun sollten. Als ich ihnen von den Alpha-Kursen erzählte, kam der Heilige Geist direkt dort im Auto auf sie. Der Fahrer war so begeistert und auch körperlich bewegt, dass ich Angst um unsere Verkehrssicherheit bekam! Außerdem begann ich mich zu fragen, ob Gott mich aus dem einfachen Grund von der Konferenz in Toronto weggeholt hatte, damit ich mit diesen beiden Männern in Ottawa sprechen konnte. In seiner Souveränität brachte Gott Gutes aus dieser Situation hervor.

Während des Rückflugs nach Toronto schrieb ich den beiden Männern und dankte ihnen für die erstaunliche Art und Weise, wie sie mich unterstützt hatten. Ich sagte ihnen zu, dass ich ihnen alle Alpha-Materialien schicken würde, die sie brauchten, um selbst einen Kurs zu beginnen. Außerdem schrieb ich an Miriam bei der *Royal Bank* und schickte ihr eine Ausgabe der. *Alpha-News* sowie eine Ausgabe des Buchs „Fragen an das Leben". Drittens schickte ich einen Brief an den Hochkommissar, Sir Nicholas Bayne, und legte wieder eine Ausgabe des Buchs „Fragen an das Leben" bei! Hinterher wurde mir bewusst, dass diese gesamte Episode vermutlich ein geistlicher Kampf gewesen war. Es war eine wenn auch in gewisser Weise triviale Illustration für die Art von Kampf, der in weit größerem und bedeutsamerem Umfang ständig auf der Erde tobt. In all diesen Dingen ist Gott souverän und keine Waffe, die gegen uns geschmiedet wird, kann bestehen.

Ernster ist der Hinweis, dass Gott, obwohl er letztlich Schutz und Sieg verheißt, nicht verspricht, dass es keine Angriffe oder Probleme geben wird (Vers 15). Im 16. Jahrhundert wurden Cranmer, Ridley, Latimer und viele andere auf dem Scheiterhaufen verbrannt. Jonathan Edwards, die Speerspitze der Erweckung in Neuengland in den Dreißigerjahren des 18. Jahrhunderts, wurde zum Austritt aus der Kirche gezwungen, die durch die Erweckung so gesegnet worden war. Er schrieb: „*Viele höhnten und spotteten darüber; und einige verglichen das, was wir Bekehrung nannten, mit gewissen Unpässlichkeiten.*"[51] John Pollock berichtet in seiner Biografie über John Wesley, wie *„den Methodisten Fenster eingeschlagen und Häuser, Geschäfte und Werkstätten schamlos geplündert wurden; sie wurden geschlagen und mit Schlamm beworfen."*[52]

Es ist fast unweigerlich der Fall, dass eine Erweckung auf Widerstand stoßen wird. Das galt für den Dienst Jesu ebenso wie für die Propheten vor ihm und die Apostel nach ihm. Es galt für die Reformation, die puritanische und die methodistische Erweckung, die große Erweckung in Amerika im 18. Jahrhundert, den Dienst von Finney, Spurgeon, Moody und vielen anderen, die Erweckung in Wales und die moderne Pfingstbewegung. Arthur Wallis schrieb: *„Wenn wir eine Erweckung finden, der nicht widersprochen wird, sollten wir uns noch einmal vergewissern, dass es sich tatsächlich um eine Erweckung handelt."*[53]

Auf verschiedene Weise stößt der christliche Glaube in der heutigen Gesellschaft auf Widerstand, obwohl nur wenige Christen regelrecht „verfolgt" werden. Doch Paulus schrieb: *„Von allen Seiten werden wir in die Enge getrieben und finden doch noch Raum; wir wissen weder aus noch ein und verzweifeln dennoch nicht; wir werden gehetzt und sind doch nicht verlassen; wir werden niedergestreckt und doch nicht vernichtet"* (2. Korinther 4,8-9).

Trotzdem fuhr er fort: *„Darum werden wir nicht müde; wenn auch unser äußerer Mensch aufgerieben wird, der innere wird Tag für Tag erneuert. Denn die kleine Last unserer gegenwärtigen Not schafft uns in maßlosem Übermaß ein ewiges Gewicht an Herrlichkeit, uns, die wir nicht auf das Sichtbare starren, sondern nach dem Unsichtbaren ausblicken; denn das Sichtbare ist vergänglich, das Unsichtbare ist ewig"* (2. Korinther 4,16-18).

Der Grund für Paulus' Zuversicht ist die Auferstehung Jesu. Paulus schreibt: *„Doch wir haben den glei-*

chen Geist des Glaubens ... Auch wir glauben, und darum reden wir. Denn wir wissen, dass der, welcher Jesus, den Herrn, auferweckt hat, auch uns mit Jesus auferwecken und uns zusammen mit euch vor sein Angesicht stellen wird" (2. Korinther 4,13-14). Nur auf Grund der Auferstehung Jesu können wir gewiss sein, dass „keine Waffe", die man gegen uns schmiedet, Erfolg haben wird.

Gottes Sicht ist so viel höher als unsere. Sie umspannt die ganze Welt. Mit weniger sollten wir uns nicht zufrieden geben. Wir danken Gott für lokale und nationale Erweckungen, aber wir sollten nicht zufrieden sein, bis wir eine weltweite Erweckung erleben. Diese wird aus seiner Liebe entspringen, die größer ist als selbst die Liebe zwischen Ehemann und Ehefrau. Er hat nicht nur den Wunsch, diese Vision zu verwirklichen, sondern auch die Macht dazu. Er ist der souveräne Herr, der letztendlich nicht zulassen wird, dass sich ihm irgendetwas in den Weg stellt. Paulus sagte dazu, dass *„Gott bei denen, die ihn lieben, alles zum Guten führt, bei denen, die nach seinem ewigen Plan berufen sind"* (Römer 8,28). Unsere Vision sollte

„Vater, so schwierig es auch ist, wenn möglich möchte ich dir gern ein Drittel dieser Karamellbonbons geben."

sein: *„Geht zu allen Völkern, und macht alle Men-*
schen zu meinen Jüngern" (Matthäus 28,19). Der Papst
sagte einmal: *„Die Vitalität der Kirche lässt sich an*
ihrer missionarischen und evangelistischen Dimension
und Stoßkraft messen."[54] Dies ist keine Möglichkeit,
sondern eine Pflicht: unsere Antwort auf den Missionsbefehl Jesu. Lassen Sie uns neu „große Dinge von
Gott erwarten" und „große Dinge für Gott versuchen".

7

Wie lautet die Einladung?

Jesaja 55

Billy Graham hat oft gesagt: *„Die Bibel ist eine einzige lange Einladung, zu Gott zu kommen."* In den ersten Kapiteln des Buches Genesis, nachdem Adam den vollkommenen Plan Gottes verworfen hat, ruft Gott mit einem bekümmerten Schrei nach Adam: *„Wo bist du?"* Das Buch der Offenbarung endet mit der Einladung durch den Geist und die Braut, die sprechen: *„Komm!"* Jesus lud Menschen oft mit den Worten ein: *„Kommt zu mir"* (Matthäus 11,28); *„Kommt zur Hochzeit"* (Matthäus 22,4); *„Wer Durst hat, der komme zu mir und ... trinke"* (Johannes 7,37). In diesem Kapitel spricht Gott erneut eine Einladung aus. Das Wort *„kommen"* erscheint dreimal im ersten Vers.

Die Einladung ist dringlich und universal. Sie richtet sich an diejenigen, die unerfüllt sind. In diesem Kapitel nennt Jesaja vier Gründe, weshalb wir kommen sollten.

Nur Gott kann den Hunger in unseren Herzen stillen (Verse 1-3a)

„Auf, ihr Durstigen, kommt alle zum Wasser! Auch wer kein Geld hat, soll kommen. Kauft Getreide, und eßt, kommt und kauft ohne Geld, kauft Wein und

Milch ohne Barzahlung! Warum bezahlt ihr mit Geld, was euch nicht nährt, und mit dem Lohn eurer Mühen, was euch nicht satt macht? Hört auf mich, dann bekommt ihr das Beste zu essen und könnt euch laben an fetten Speisen. Neigt euer Ohr mir zu, und kommt zu mir, hört, dann werdet ihr leben."

Babylon war ein Handelszentrum. Israel wurde im Exil zu einem Volk von Händlern, also sprach Gott sie in einer Sprache an, die sie verstehen würden: die Sprache des Marktplatzes. Durch die einleitenden Verse hallt das Rufen der Marktschreier und die Botschaft ist Folgende: materielle Dinge befriedigen nicht. Geld zu machen bringt keine Erfüllung, sondern lässt ein Gefühl der Sehnsucht zurück. Der griechische Philosoph Platon verglich die Menschen einmal mit löchrigen Gefäßen. Man mag noch so viel in einen löchrigen Behälter hineinschütten, er wird doch nie ganz voll werden. Ohne Gott sind auch wir immer teilweise leer und erfahren einen Mangel an Erfüllung und Glück. Alexander Solschenizyn schrieb: *„Unser Leben besteht nicht im Streben nach materiellem Erfolg ... Materielle Gesetze allein können unser Leben nicht erklären oder ihm eine Ausrichtung geben..."*[55]

Der Marxismus erkennt dieses Gefühl der Unzufriedenheit an und behauptet, dieses Empfinden der Leere (das nach Auffassung des Marxismus direkte Folge des Kapitalismus ist) werde verschwinden, sobald die „Revolution" komme. Doch in den Teilen der Welt, in denen die Revolution geschah, ist das Gefühl der Entfremdung und Unzufriedenheit geblieben und hat sich oft sogar noch verstärkt.

Der atheistische Philosoph Jean-Paul Sartre wies beharrlich auf die beunruhigende Wahrheit hin, dass wir in nichts Menschlichem oder Erschaffenem Glück zu finden vermögen. Er bemerkte das angeborene menschliche Bestreben zu leugnen, dass wir unfähig

„Vielleicht sollte ich einfach hier bleiben."

sind, in der Welt Glück zu finden: wir können es nicht ertragen, mit der Vorstellung zu leben, dass die Erfüllung uns auf Dauer versagt bleiben wird. In einem berühmten Vers schrieb er: *„Der Mensch ist absurd, doch muss er grimmig so tun, als wäre er es nicht."*

Dieser Hunger nach Sinn und Ziel im Leben kann nur durch Gott gestillt werden. Der Psychiater Paul Tournier erklärte: *„Seien wir doch die Ersten, die entdecken, was der moderne Mensch sucht. Er dürstet nach Gott ... Jeder sucht heute nach einer Antwort auf die Probleme, die die Wissenschaft nicht beachtet, das Problem unserer Bestimmung, das Geheimnis des Bösen, die Frage des Todes."*

C. S. Lewis identifizierte eine Sehnsucht, die kein natürliches Glück je befriedigen wird. Er sagte, dass die schönen Dinge, denen wir nachjagen, nicht die Sache selbst sind. Sie sind nicht die Schönheit selbst. Sie sind nicht das, was wir wirklich wünschen. Sie sind *„nur der Duft einer Blume, die wir noch nicht gefunden, das Echo einer Melodie, die wir noch nicht* *gehört, Berichte von einem fernen Land, das wir noch nie besucht haben.* "[56] Dinge, von denen wir erwarten, dass sie uns beständige Freude und Erfüllung geben werden, lassen uns nur als Opfer zurück, die immer mehr wollen. Als wir fünfzehn waren, wollten wir sechzehn sein; als wir ein Auto oder ein Haus kauften, wollten wir ein größeres oder ein besseres.

Das Problem mit Trugbildern ist, dass sie das versprochene Leben nicht einlösen. So werden Menschen zum Beispiel nie zufrieden sein, selbst wenn sie noch so viel Geld haben. Elvis Presley verdiente auf dem Gipfel seiner Karriere 100 Millionen Dollar innerhalb von zwei Jahren. Er besaß drei Jets, ein Dutzend Luxuskarossen, einen umgebauten Bus und drei Motorräder. Sein Lieblingswagen war eine 1960er-Cadillac Limousine. Das Dach war mit perlweißem Leder bezogen. Die Karosserie war mit vierzig Schichten einer speziell aufbereiteten Lackierung besprüht, die zerstoßene Diamanten und Fischschuppen enthielt. Fast sämtliche Metallverzierungen waren mit achtzehnkarätigem Gold überzogen. Im Innern des Wagens gab es zwei vergoldete Telefone, einen goldenen Kosmetikkoffer mit einem goldenen Elektrorasierer und einem goldenen Haarschneider, einen elektrischen Schuhpolierer, einen vergoldeten Fernseher, einen Plattenspieler, einen Verstärker, eine Klimaanlage und einen Kühlschrank. Elvis besaß einfach alles. Trotzdem war er unerfüllt. Dinge füllen die schmerzliche Leere nicht aus. Sie wecken in uns nur den Wunsch nach mehr. Gott fragt: *„Warum bezahlt ihr mit Geld, was euch nicht nährt, und mit dem Lohn eurer Mühen, was euch nicht satt macht?"* (Jesaja 55,2a). Er schlägt eine Alternative vor: *„Kommt zu mir"* (Vers 3).

Erstens ergeht die Einladung an alle, die durstig sind. Sie gilt denen, die ihren Mangel erkennen und

„Was soll die Frage: warum lebe ich eigentlich? Halten Sie sich an das Curriculum!"

demütig zu Gott sagen: *„Herr, ich habe es nötig, dass du kommst und mich erfüllst."*

Zweitens ist das Angebot umsonst. Es gilt dem, der „kein Geld hat". Läden sind an Menschen ohne Geld nicht interessiert. Doch dieser Geschäftsinhaber sagt: *„Du kannst mein bestes Brot und meinen besten Wein haben, und zwar ganz umsonst."* Umsonst sind sie in der Tat deshalb, weil schon für sie bezahlt wurde. Der Geschäftsinhaber hat selbst dafür bezahlt! In ähnlicher Weise sind auch viele der größten Segnungen Gottes umsonst, allerdings nur, weil der Knecht selbst dafür bezahlt hat. Und der Preis war ungeheuer hoch – es kostete ihn nicht weniger als sein eigenes Leben (siehe Jesaja 53). Deshalb folgt Jesaja 55 so unmittelbar nach dem stellvertretenden Tod des Gottesknechts.

Drittens wird der Hunger derer, die kommen, völlig gestillt (Verse 2b-3a). Denen, die kommen, verspricht er, dass sie sich „an fetten Speisen ... laben" können"

(Vers 2b). Gott bietet uns keinen Schnellimbiss, sondern ein Festmahl. Der Hymnenschreiber John Newton schrieb:

> *„Wahre Freuden und bleibende Schätze*
> *kennt niemand außer den Kindern Zions."*

Billy Graham berichtet in seiner Autobiografie von einem Vorfall in seinem Leben, als er und seine Frau Ruth sich auf einer karibischen Insel befanden. *„Einer der wohlhabendsten Männer der Welt lud uns ein, in seinem verschwenderisch ausgestatteten Haus zu Mittag zu essen. Er war fünfundsiebzig Jahre alt und während der ganzen Mahlzeit schien er den Tränen nahe.*

„,Ich bin wohl der elendste Mensch der Welt', sagte er. ,Da draußen liegt meine Jacht. Ich kann jederzeit reisen, wohin ich will. Ich habe mein Privatflugzeug, meine Helikopter. Ich habe alles, was ich will, um glücklich zu werden. Und doch fühle ich mich hundeelend.'"

Billy und seine Frau sprachen und beteten mit dem Mann und versuchten, ihm den Weg zu Christus zu weisen. An diesem Nachmittag besuchte sie der örtliche Pastor, der ebenfalls fünfundsiebzig war. Er sagte: *„Ich besitze wohl keine zwei Pfund, aber ich bin der glücklichste Mensch auf dieser Insel."*

Billy Graham fährt fort: *„,Wer ist deiner Meinung nach wohl der Reichere von beiden?' fragte ich Ruth. Uns beiden war die Antwort klar."*[57]

Gott hat eine Absicht für unser Leben
(Verse 3b-5)

„Ich will einen ewigen Bund mit euch schließen gemäß der beständigen Huld, die ich David erwies. Seht her: Ich habe ihn zum Zeugen für die Völker gemacht, zum

„So niedlich du auch bist: kein Groschen, kein Lutscher."

Fürsten und Gebieter der Nationen. Völker, die du nicht kennst, wirst du rufen; Völker, die dich nicht kennen, eilen zu dir, um des Herrn, deines Gottes, des Heiligen Israels willen, weil er dich herrlich gemacht hat."

Gottes Segnungen waren nie dazu gedacht, selbstsüchtig in Anspruch genommen zu werden. Sie sollten zu anderen Menschen fließen. Wir können anderen nicht geben, was wir nicht selbst empfangen haben. Doch wenn wir einen Segen erfahren haben, müssen wir ihn weitergeben.

Gott gab David einmal folgende Verheißung: Ich werde *„deinen leiblichen Sohn als deinen Nachfolger einsetzen ... ich werde seinem Königsthron ewigen Bestand verleihen. Ich will für ihn Vater sein, und er wird für mich Sohn sein ... meine Huld ... soll nicht von ihm weichen ... dein Haus und dein Königtum sollen durch mich auf ewig bestehen bleiben"* (2. Samuel 7,12-16). Was David verheißen wurde, wird auch Israel verheißen. Doch so wie David versagte und auf Grund seiner Sünde seine Berufung nicht erfüllte, so versagte auch Israel – mit einer Ausnahme. Es gab einen wahren Israeliten, doch nur einen einzigen: den

Knecht des Herrn. Paulus bezieht diesen Abschnitt
primär auf Jesus (Apostelgeschichte 13,34).

David war ein „Typus" des Messias. Er war ein Leiter, aber Jesus ist *der* Leiter. Jesus ist *„der größere
Sohn des großen David"*. Er ist der *„Urheber"* (Hebräer
12,2). Er öffnet den Weg für weit mehr Nachfolger, als
David sie je hatte. So gelten diese Verheißungen durch
den „Knecht" für alle anderen Knechte: für Sie und für
mich. Israel war berufen, für die Welt oder die *„Völker"* (Vers 5) das zu sein, was David für Israel war.
Jetzt ist das unsere Berufung (1. Petrus 2,9). Die Formulierung zeigt, wie umfassend diese Berufung ist. Es
ist der Ruf, bis an die Enden der Erde zu gehen, weit
über die relativ kleine, im 6. Jahrhundert vor Christus
bekannte Welt hinaus. Für diese Berufung hat er uns
ausgerüstet: *„...weil er dich herrlich gemacht hat"*
(Vers 5). Wir sind aufgerufen, nicht nur unsere Umgebung, sondern auch jedes Volk der Erde zu erreichen.

Die Größe der Liebe und
Barmherzigkeit Gottes (Verse 6-9)

*„Sucht den Herrn, solange er sich finden lässt, ruft
ihn an, solange er nahe ist. Der Ruchlose soll seinen
Weg verlassen, der Frevler seine Pläne. Er kehre um
zum Herrn, damit er Erbarmen hat mit ihm, und zu
unserem Gott; denn er ist groß im Verzeihen. Meine
Gedanken sind nicht eure Gedanken, und eure Wege
sind nicht meine Wege – Spruch des Herrn. So hoch
der Himmel über der Erde ist, so hoch erhaben sind
meine Wege über eure Wege und meine Gedanken über
eure Gedanken."*

Wir müssen unsere geistlichen Gelegenheiten ergreifen. Sie werden uns nicht ewig offen stehen.
„Sucht den Herrn, solange er sich finden lässt, ruft

ihn an, solange er nahe ist" (Vers 6). Es gibt Zeiten, in denen wir Gottes Gegenwart spüren. Er kann durch andere Menschen zu uns sprechen oder durch ein besonderes Ereignis. Vielleicht wartet er geduldig, bis wir bereit sind zuzuhören. Oder wir finden ihn in unserem Leid: durch einen Unfall, den Zerbruch unserer Ehe oder durch den Tod eines geliebten Menschen. Auf irgendeine seltsame Weise wissen wir, dass er nahe ist. Wir müssen aus diesen Gelegenheiten das Beste machen. Sie kommen vielleicht nie wieder. Das gilt ebenso für Gemeinden. Es gibt Zeiten, in denen Gott seine Gegenwart manifestiert und uns einlädt, auf ihn zu reagieren. Wir müssen diese Gelegenheiten ergreifen, wann immer sie sich uns bieten.

Das *Wheaton College* ist eine bekannte christliche Hochschule im US-Bundesstaat Illinois. An einem Sonntagabend am 19. März 1995 versammelten sich dort über 800 Menschen zum Gebet. Es war eine Zeit der Buße, in der viele Menschen unter Tränen ihre Sünden bekannten und in der Gottes Gnade ausgegossen wurde. Die Versammlung dauerte bis 6 Uhr morgens. Um 19.30 Uhr am folgenden Abend versammelten sich 1000 Menschen in der Kirche, und viele brachten Gegenstände nach vorn, die ihre Gemeinschaft mit Gott beeinträchtigten wie Bücher, Zeitschriften und Videos. Nach einer Zeit des Sündenbekenntnisses und der Buße schüttete Gott seinen Frieden und seine Freude über die Anwesenden aus. Abend für Abend wurden die Versammlungen fortgesetzt, oft bis spät in die Nacht, und die College-Gemeinschaft erlebte eine ungewöhnliche Segnung und Begegnung mit dem Heiligen Geist. Hunderte von Menschen weinten, beteten, bekannten ihre Sünden und suchten Versöhnung mit Gott und miteinander, berichteten über Befreiung von sexuellen Sünden, Drogenmissbrauch, Groll, Zorn, Hass und Stolz.[58]

In den oben zitierten Versen finden wir eine Definition zur Bedeutung der Buße, die notwendig ist, um Gottes Gegenwart uneingeschränkt zu genießen. Buße ist nicht leicht. Sie schließt das Abwenden von der Sünde ein: *„Der Ruchlose soll seinen Weg verlassen, der Frevler seine Pläne"* (Vers 7a). Ein Kind definierte Buße einmal so: *„Es muss einem Leid genug tun, um aufzuhören."*

Buße schließt auch die Hinwendung zu Gott ein: *„Er kehre um zum Herrn, damit er Erbarmen hat mit ihm, und zu unserem Gott; denn er ist groß im Verzeihen"* (Vers 7b).

Duncan Campbell schreibt: *„Vielleicht ist es uns gelungen, in den Menschen ein Kirchenbewusstsein, ein Missionsbewusstsein oder sogar ein Evangelisationsbewusstsein zu wecken, ohne ein Gottesbewusstsein in ihnen zu wecken. Die Kirche muss die grundlegende Tatsache erkennen, dass Erweckung immer mit Gerechtigkeit in Beziehung gebracht werden muss und dass der Weg zu einer erweckten Gemeinde immer noch der Weg der Buße und wahrer Heiligkeit ist."*[59]

Dies ist nach Jonathan Edwards ein weiteres Erkennungszeichen des Heiligen Geistes: *„Wenn wir sehen, dass den Menschen das schreckliche Wesen der Sünde bewusst wird und auch, wie sehr sie Gott missfällt; oder wenn sie ihren eigenen elenden Zustand erkennen, in dem sie sich durch ihre Sünde befinden, wenn sie ernsthaft um ihre ewige Erlösung besorgt sind und merken, dass sie Gottes Erbarmen und Hilfe brauchen, und wenn sie diese in der Anwendung oder in den Mitteln suchen, die Gott dazu bestimmt hat, dann können wir gewiss schließen, dass dies vom Geist Gottes kommt."*[60]

Die Absicht unserer Umkehr besteht darin, Barmherzigkeit zu finden. Die Zusicherung lautet, dass wir

Vergebung finden werden. Egal wie tief wir gefallen sind, Gott wird uns vergeben. Kürzlich erhielt ich einen Brief von einem überführten Mörder, der in einem britischen Gefängnis an einem Alpha-Kurs teilgenommen hat. Er schrieb:

„Lieber Nicky,
schon seit langem habe ich nach Vergebung dafür gesucht, dass ich einer unschuldigen Person das Leben genommen habe. Seit ich fünf Jahre alt war, wurde ich von Mitgliedern meiner Familie geschlagen und sexuell missbraucht. Als mir klar wurde, was los war, fing ich an, wegzulaufen und Geld zu klauen, um wegzukommen. Ich raubte das Haus eines Freundes aus, als angeblich keiner zu Hause war, wurde ertappt und nahm in meiner Panik ein Menschenleben.
Jahrelang hegte ich bittere Erinnerungen an meine Familie und war traurig über das Leben, das ich hatte. Mein ganzes Leben habe ich nach Vergebung gesucht. Seit dreißig Jahren bin ich im Gefängnis. Eines Abends ging ich in die Kirche, und da sprachen sie vom Alpha-Kurs ...“

Er fing an, zu den Kurstreffen zu kommen. Nach einigen Wochen stellte er fest, dass „die Sache echt" war, und begann die Gruppengespräche zu genießen. Nach einem der Gespräche gab er sein Leben Christus und wurde mit dem Heiligen Geist erfüllt.

„Ich hatte die Augen fest zu. Nach ein paar Minuten kam ein helles Licht von der rechten Seite und verschwand. Ich fühlte mich total entspannt und hatte Frieden in mir, zum ersten Mal seit 50 Jahren.
Ich bin nicht besonders gut mit Worten, aber ... nach vielen, vielen Jahren habe ich Gott gefunden, echtes Christsein, und bin auf den richtigen Kurs ge-

kommen, ohne zu kneifen oder abzutauchen, und habe gelernt, auf den Herrn Jesus Christus zu vertrauen.

Dein Frank

P. S. Ich habe auch gelernt, anderen zu vergeben, die mich verletzt und gegen mich gesündigt haben, und es ist ein tolles Gefühl, wenn man das kann."

Gott vergibt uns auf der Grundlage dessen, was der Knecht des Herrn für uns getan hat (Jesaja 53). Seine Vergebung ist weit größer, als wir es uns überhaupt vorstellen können. Wie kann das sein? Der Prophet beantwortet die Frage: *„Meine Gedanken sind nicht eure Gedanken, und eure Wege sind nicht meine Wege"*, spricht der Herr. *„So hoch der Himmel über der Erde ist, so hoch erhaben sind meine Wege über eure Wege und meine Gedanken über eure Gedanken"* (Verse 8-9). Zwischen Gott und uns liegt eine unendliche Kluft. Wir erhalten einen gewissen Eindruck davon, wenn wir *„das Werk seiner Hände"* in der Schöpfung betrachten. Noch spezifischer wird uns bewusst, wenn wir den Knecht des Herrn erkennen, wie sehr er sich von uns unterscheidet. In ihm sehen wir, dass Gottes Erlösungsplan größer ist, als wir es je für möglich gehalten hätten.

Diese Verse sind an diejenigen gerichtet, die nicht glauben, dass sie Vergebung brauchen. Ich erinnere mich, wie ein Teilnehmer am Alpha-Kurs sagte, er wolle Christ werden. Ich erklärte ihm, dass er als erstes Buße tun musste. Er sagte, er könne sich an nichts in seinem Leben erinnern, wofür er Buße tun müsste. Selbst seine Frau bestätigte, dass er der netteste, freundlichste Mensch sei, den man sich nur vorstellen könne. Er ist auch wirklich ein sehr sympathischer und erfrischender Mensch. Zwei Jahre später, nachdem er Christ geworden war, kam er am Ende eines Gottesdienstes zum Gebet nach vorn. Ich fragte ihn, wie es ihm ging und bot an, mit ihm zu beten. Er sagte: *„Ich fühle mich total unwürdig und sündig. Ich begreife nicht, wie Gott mich je annehmen oder gebrauchen konnte."* Es lag nicht daran, dass er in diesen zwei Jahren ein schlechterer Mensch geworden wäre. Er hatte einfach angefangen, den Unterschied zwischen Gottes Art und seinen Gedanken und seinen eigenen wahrzunehmen.

Dieser Abschnitt spricht auch diejenigen an, die sich für zu schlecht halten, um Vergebung zu empfangen. Wenn Gottes Gnade höher und tiefer ist, als wir es uns je vorstellen könnten, ist niemand zu schlecht, um sie zu empfangen. Gott vergibt uns nicht nur, sondern beschließt, unsere Sünde komplett zu *vergessen;* nicht unter falschem Vorwand, sondern weil die Sache am Kreuz völlig bereinigt wurde. Seine Vergebung ist auch insofern viel größer als menschliche Vergebung, als er *anhaltend* vergibt. Wie im Gleichnis vom verlorenen Sohn gibt er uns *„das beste Gewand ... einen Ring an die Hand, und zieht [uns] Schuhe an."* Er holt das Mastkalb und sagt: *„Wir wollen essen und fröhlich sein"* (Lukas 15,22-23).

Velma Barfield führte ein tragisches Leben voller Unruhe, Groll, Depression, Gewalt und Drogenabhängigkeit. Sie vergiftete vier Menschen, darunter ihre eigene Mutter, und wurde schließlich zum Tod verurteilt. Kurz nach ihrer Verhaftung kam sie zu Christus und wurde eine hingegebene Christin. Sie glaubte fest, dass Gott ihr ihre Sünden vollständig vergeben hatte. Alles, was ihr zu tun blieb, war, den Preis zu bezahlen, den die Gesellschaft forderte. Sie nahm die Tatsache nicht leicht, dass sie schreckliche Verbrechen begangen hatte. Und sie nahm auch Gottes Vergebung nicht leicht, denn sie hatte Christus am Kreuz das

Leben gekostet. Doch sie wusste, dass Gott durch diesen Tod seine Liebe zu den Sündern demonstriert hatte – sogar für eine solche Sünderin wie sie selbst. *„Wenn ich die Wahl hätte, ohne meinen Herrn frei draußen (außerhalb der Haftanstalt) oder mit ihm in der Todeszelle zu leben"*, sagte sie oft, *„dann würde ich die Todeszelle wählen."*

Nur wenige Monate vor ihrem letzten Tag beendete sie die Aufzeichnung ihrer Lebensgeschichte. Sie schrieb: *„Ich möchte meine Geschichte erzählen, weil ich hoffe, dass sie Menschen helfen wird zu verstehen, was Gott im Leben eines kaputten und verzweifelten Menschen tun kann. Ich verstehe, was der Apostel Paulus meinte, als er sich den ‚ersten aller Sünder' nannte."*

Einen Monat nach der Hinrichtung ging Billy Graham in die Besserungsanstalt für Frauen in North Carolina, um an einem besonderen Gottesdienst teilzunehmen. Ausnahmslos alle Wächter und Insassen waren anwesend. Er predigte aus Johannes 3,16 – *„Denn Gott hat die Welt so sehr geliebt, dass er seinen einzigen Sohn hingab, damit jeder, der an ihn glaubt, nicht zu Grunde geht, sondern das ewige Leben hat"* – und verwies auf das Leben von Velma Barfield als ein Beispiel für das, was Gott im Leben eines Menschen tun kann. Das Gefängnis, sagte er, ist einer der schwierigsten Orte der Welt, um ein christliches Leben zu führen. Man wird ständig beobachtet, und viele Insassen reagieren sehr negativ auf die Veränderung. Aber Velma hatte die Realität Christi durch ihr Leben demonstriert, und alle, die in diesem Gottesdienst anwesend waren, wussten das. Von den Anwesenden gaben an diesem Tag 200 Personen, darunter mehrere Wächter, ihr Leben Christus.

Während seines Aufenthalts ging Billy Graham auch in die Hochsicherheitszelle, in der Velma vor ihrer Hinrichtung gewesen war. *„Wissen Sie, seit Velmas Tod konnte ich es einfach nicht über mich bringen, hierher zu kommen"*, *sagte der Wächter zu ihm. „Am Abend ihrer Hinrichtung war sie der glücklichste, strahlendste Mensch, der mir je begegnet ist."*[61]

Wenn wir zu Gott kommen, werden wir erstaunt sein, mit welchen Schätzen er uns überhäuft. Seit über 2000 Jahren plündern Touristen, Grabräuber und Archäologen die Grabstätten der ägyptischen Pharaonen. Man glaubte, dass nichts unangetastet geblieben war, besonders im berühmten „Tal der Könige". Doch auf Grund einer weniger Scherbenfunde setzte der britische Archäologe Howard Carter seine Grabungen aus eigenen Mitteln fort, weil niemand glaubte, dass es dort noch etwas zu entdecken gab. Er war überzeugt, dass ein unentdecktes Grab übrig geblieben war. Zweimal in seiner sechsjährigen Suche kam er bis auf zwei Meter an die erste Steinstufe heran, die in die Grabkammer führte.

1922 erschloss Carter dann endlich ein uraltes ägyptisches Grab. *„Kannst du irgendetwas sehen?"*, fragte sein Assistent, während Carters Augen sich an das Halbdunkel gewöhnten. Carter konnte gut genug sehen, aber er brachte kaum ein Wort heraus, so groß war der Schatz, der sich vor ihm ausbreitete.

Niemand hatte je etwas Vergleichbares gesehen. Die Mumie des Königs lag in drei ineinander gebetteten Särgen, der innere aus purem Gold, die beiden äußeren aus vergoldetem Holz. Auf dem Kopf des Königs saß eine herrliche goldene Porträtmaske, die Mumie selbst und ihre Tücher waren mit unzähligen Juwelen bedeckt. Die Särge und der Steinsarkophag waren von vier mit gehämmertem Gold überzogenen Schreinen und Schriftrollen umgeben, die die Grabkammer praktisch ausfüllten. Andere Kammern waren voll gestopft mit Möbelstücken, Statuen, Gewändern, einem

Wagen, Waffen, Stäben, Truhen, Skulpturen, Vasen, Dolchen, Juwelen und einem Thron. Es handelt sich natürlich um den Schatz von König Tut-ench-Amun (der von 1352 bis 1343 vor Christus herrschte), die sensationellste archäologische Entdeckung der Welt.

Paulus schreibt: *„Was kein Auge gesehen und kein Ohr gehört hat, was keinem Menschen in den Sinn gekommen ist: das Große, das Gott denen bereitet hat, die ihn lieben"* (1. Korinther 2,9). Der Heilige Geist gibt uns in diesem Leben einen Vorgeschmack auf das, was wir erfahren werden. In der Tat beschreibt Paulus den Heiligen Geist als Unterpfand, als ersten Anteil, des herrlichen Erbes, das uns erwartet.

Die verwandelnde Kraft Gottes (Verse 10-13)

„Denn wie der Regen und der Schnee vom Himmel fällt und nicht dorthin zurückkehrt, sondern die Erde tränkt und sie zum Keimen und Sprossen bringt, wie er dem Sämann Samen gibt und Brot zum Essen, so ist es auch mit dem Wort, das meinen Mund verlässt: Es kehrt nicht leer zu mir zurück, sondern bewirkt, was ich will, und erreicht all das, wozu ich es ausgesandt habe. Voll Freude werdet ihr fortziehen, wohlbehalten kehrt ihr zurück. Berge und Hügel brechen bei eurem Anblick in Jubel aus, alle Bäume auf dem Feld klatschen Beifall. Statt Dornen wachsen Zypressen, statt Brennnesseln Myrten. Das geschieht zum Ruhm des Herrn als ein ewiges Zeichen, das niemals getilgt wird."

Gott verspricht, dass unser Leben fruchtbar sein wird. Gartenbau erfordert Geduld, aber kommen Sonne, Samen, Erde und Feuchtigkeit zusammen, wird es unvermeidlicherweise früher oder später Getreide geben. Ein ähnliches Gesetz herrscht in der geistlichen

Welt. „Pflanzen" wir Gottes Wort und pflegen es in uns, können wir sicher sein, dass mit der Zeit Frucht daraus hervorgehen wird. Wenn Gott in uns wirkt, geschieht immer etwas. Menschen werden verändert, neue Hoffnungskeime werden gepflanzt, hungrige Seelen gesättigt.

Mehr noch als das wird es eine Auswirkung auf die Welt um uns her haben. *„Voll Freude werdet ihr fortziehen, wohlbehalten kehrt ihr zurück. Berge und Hügel brechen bei eurem Anblick in Jubel aus, alle Bäume auf dem Feld klatschen Beifall. Statt Dornen wachsen Zypressen, statt Brennnesseln Myrten. Das geschieht zum Ruhm des Herrn als ein ewiges Zeichen, das niemals getilgt wird"* (Verse 12-13).

Der direkte Bezugspunkt dieses Abschnitts war der Aufbruch der Juden aus Babylon. Israel sollte aus Babylon „fortziehen" und wohlbehalten nach Jerusalem zurückkehren.

Zum Teil erfüllte sich dies bei der Wiederherstellung Israels unter Esra und Nehemia, aber die eigentliche Rückkehr aus dem Exil begann mit dem Kommen Jesu: mit seinem Leben, seinem Tod und seiner Auferstehung am Ostermorgen. Dieses entscheidende Ereignis ist das Sprungbrett für die Wiederherstellung und Erweckung der Kirche, während das Königreich Gottes weiter fortschreitet. Vollständige Erfüllung wird die Prophetie allerdings erst bei der Wiederkunft Jesu Christi finden. Dann wird die Natur selbst erneuert und wiederhergestellt werden. Auf diesen Augenblick warten wir in gespannter Vorfreude. Paulus schreibt: *„Denn die ganze Schöpfung wartet sehnsüchtig auf das Offenbarwerden der Söhne Gottes. Die Schöpfung ist der Vergänglichkeit unterworfen, nicht aus eigenem Willen, sondern durch den, der sie unterworfen hat; aber zugleich gab er ihr Hoffnung: Auch die Schöpfung soll von der Sklaverei und Verlorenheit* *befreit werden zur Freiheit und Herrlichkeit der Kinder Gottes"* (Römer 8,19-21).

Gottes befreiende Tat in Jesus Christus betrifft nicht nur uns Menschen, sondern seine gesamte Schöpfung. Die Welt ist nicht einfach irgendein Bühnenbild für ein Stück, dessen einzige Akteure Menschen sind. Die Bibel ist die Geschichte der gesamten Schöpfung, obwohl die Menschheit darin eine zentrale und entscheidende Rolle spielt.

Die erschaffene Welt ist aber keine Macht in sich, wie die Babylonier glaubten. Gott erschuf die Welt als Heimat für die Menschheit. Er setzte die Menschheit als Treuhänder der gesamten Schöpfung ein, bis die Zeit für ihn gekommen war, die Geschichte dieser Welt abzuschließen.

Die erste menschliche Familie erfüllte die Berufung nicht, zu der sie erschaffen worden war. Sie wollten nicht nur Verwalter, sondern auch Besitzer sein. Die Folge war, dass sie nicht nur von Gott und von einander entfremdet wurden, sondern sich auch von der Natur entfremdeten. Die Natur selbst wurde zum Feind und brachte nun Dornen und Disteln hervor (1. Mose 3,17-18). Dies ist ein Bild für all die Schwierigkeiten des Lebens: Krankheiten, Versuchungen, Kämpfe, Sorgen und Unannehmlichkeiten. Sie sind die Symbole einer entstellten Schöpfung mit ihren Naturkatastrophen wie Erdbeben und Vulkanausbrüchen.

Das Werk Jesu als des „letzten Adam" besteht darin, das Unrecht des ersten Adam wieder gutzumachen (siehe 1. Korinther 15,22.45). Nur in Jesus kann Gottes Absicht für die Gesamtheit seiner Schöpfung erfüllt werden. Seine Zusicherung haben wir in der Auferstehung Jesu von den Toten und seine Garantie im Kommen des Heiligen Geistes (2. Korinther 5,1-5). Wir können glauben, dass die gesamte Welt das Werk

Gottes ist, unter seiner Herrschaft steht und schließlich zu ihrer wahren Erfüllung gebracht werden wird.
Die erschaffene Welt ist, wie Calvin es ausdrückt,
„Schauplatz seiner Herrlichkeit". Adam versagte und
war ungehorsam; daraufhin sandte Gott Jesus, um ein
Beispiel wahren Menschseins zu sein. Durch Jesus
Christus können wir verwandelt werden und die Herrlichkeit Gottes widerspiegeln, wie er es von Anfang an
beabsichtigt hatte.

Gottes Einladung ist von großer Reichweite. Er lädt
alle ein, die Hunger und Durst haben. Niemand ist
ausgeschlossen, weil er nicht genug zu bieten hat. Wir
brauchen nichts mitzubringen. Wir müssen unsere
Sünde hinter uns lassen. Gott lädt uns ein, Teil dieses
erstaunlichen Plans zu sein. Natürlich sind wir frei,
seine Einladung zu verweigern. Aber wenn wir das
tun, werden wir auf tragische Weise verlieren. Wenn
wir jedoch damit reagieren, dass wir zu Gott kommen,
wird er die tiefsten Sehnsüchte unseres Herzens stillen. Er wird uns seine Absicht für unser Leben zeigen,
und wenn er seine Liebe und Großzügigkeit über uns
ausschüttet, werden wir seine verwandelnde Kraft erfahren. Wir werden die Freude haben, an seinen Plänen für eine verwandelte Erde teilzuhaben, die die
Herrlichkeit Gottes widerspiegeln wird.

8

Welche Auswirkungen sollte eine Erweckung auf die Gesellschaft haben?

Jesaja 58

Im September 1995 kehrte Michael Cassidy, der Leiter der christlichen Organisation „African Enterprise" von einem zehntägigen Einsatz in Ruanda zurück. Sein Team hatte das Land in Asche und Verwüstung vorgefunden. Ruanda ist eine Nation mit 6 Millionen Menschen aus drei verschiedenen ethnischen Gruppen: den Hutu, die meist Ackerbauern sind und 90 Prozent der Bevölkerung ausmachen, den Tutsi, die Vieh züchten, und den Twa, einem Volk von Pygmäen, die vor allem Töpfer und Jäger sind. Obwohl vor fünfzig Jahren dort die ostafrikanische Erweckung begann, ist die Geschichte des Landes von Aufständen und Bürgerkriegen gezeichnet. Der blutige Höhepunkt kam im April 1994. Zuerst geschah ein massiver Völkermord durch die Hutu-Miliz, gefolgt von der Rache der Befreiungsarmee der Tutsi im Exil.

Das Team von „African Enterprise" hörte die letzten Zahlen: 1 Million Tote, 2 Millionen Angehörige von Toten, 250.000 Witwen, 450.000 Waisenkinder und über 1,5 Millionen Vertriebene. 48.000 Häftlinge warteten auf ihren Prozess. Laut Aussage des Roten Kreuzes würden die Gerichtsverfahren nach britischen Verhältnissen 40 Jahre dauern, nach amerikanischen 140 bis 200 Jahre.

In dem Versuch zu verstehen, wie ein Land, das Erweckung erfahren hat, auch eine solche Verheerung erleben konnte, und wie sogar Christen sich an diesem Völkermord beteiligen konnten, wies Michael Cassidy auf zwei gefährliche Theologien hin: erstens Liebe zu Gott ohne Liebe zum Volk und zweitens Liebe zum Volk ohne Liebe zu Gott. Dann sprach er von der Gefahr der privatisierten Religion, einer Religion, die nicht zulässt, dass der Glaube die politischen, wirtschaftlichen, sozialen, geschäftlichen, beruflichen und moralischen Fragen eines Landes durchdringt. *„Sich mit Fragen der Politik und Wirtschaft zu beschäftigen war leider zu einer Sache geworden, die man für ungeistlich hielt."*

Doch in der Bibel sind die Liebe zu Gott und die Liebe zu unserem Nächsten unauflöslich miteinander verbunden. *„Eines der besonderen Merkmale des christlichen Glaubens ist die Tatsache, dass es keine echte Beziehung mit Gott gibt, die nicht zugleich eine Beziehung mit dem Bruder ist."*[62]

So ist die Botschaft von Jesaja 58, die vermutlich die Situation in Israel nach der Rückkehr aus dem Exil um 538 vor Christus beschreibt, für uns heute ebenso wichtig, wie sie es damals für Israel war. Der Prophet sah darin offenbar eine äußerst wichtige Botschaft, wie die folgenden Verse zeigen:

Liebe zu Gott ohne Liebe zum Nächsten
(Verse 1-5)

„Rufe aus voller Kehle, halte dich nicht zurück! Lass deine Stimme ertönen wie eine Posaune! Halt meinem Volk seine Vergehen vor und dem Haus Jakob seine Sünden! Sie suchen mich Tag für Tag; denn sie wollen meine Wege erkennen. Wie ein Volk, das Gerechtigkeit übt und das vom Recht seines Gottes nicht ablässt, so fordern sie von mir ein gerechtes Urteil und möchten, dass Gott ihnen nah ist. Warum fasten wir, und du siehst es nicht? Warum tun wir Buße, und du merkst es nicht? Seht, an euren Fasttagen macht ihr Geschäfte und treibt alle eure Arbeiter zur Arbeit an. Obwohl ihr fastet, gibt es Streit und Zank, und ihr schlagt zu mit roher Gewalt. So wie ihr jetzt fastet, verschafft ihr eurer Stimme droben kein Gehör. Ist das ein Fasten, wie ich es liebe, ein Tag, an dem man sich der Buße unterzieht: wenn man den Kopf hängen lässt, so wie eine Binse sich neigt, wenn man sich mit Sack und Asche bedeckt? Nennst du das ein Fasten und einen Tag, der dem Herrn gefällt?"

Gott tadelt sein Volk wegen seiner privatisierten Religion. Es ist wahr, dass sie fromm und eifrig in ihren religiösen Praktiken waren (Jesaja 58,2-3a). Sie beteten und fasteten. Aber das Problem war, dass sie dem Herrn in der Art, wie sie mit anderen umgingen, nicht gehorsam waren.

Obwohl sie fasteten, ließen sie nicht von ihrem falschen Verhalten. Sie machten sich der Ausbeutung ihrer Arbeiter schuldig (Vers 3b). Es herrschten innere Kämpfe, *„Streit und Zank"* (Vers 4a) und Gewalt: *„Ihr schlagt zu mit roher Gewalt"* (Vers 4b). Wie so oft in der Gemeinde heute bekämpften sie sich gegenseitig, statt einander zu lieben. Es geschieht so leicht, dass wir in unserer eigenen kleinen Welt versinken und es

„Die Kommunion kommt NACH dem Loblied, verstanden?"

versäumen, das übergreifende Bild und die Bedürfnisse der Welt um uns her wahrzunehmen. Gott tadelte das Volk, weil sie ihr Vertrauen auf Worte und rituelle Praktiken setzten statt auf Gehorsam, der zu guten Auswirkungen geführt hätte.

Liebe zu unserem Nächsten (Verse 6-12)

„Nein, das ist ein Fasten, wie ich es liebe: die Fesseln des Unrechts zu lösen, die Stricke des Jochs zu entfernen, die Versklavten freizulassen, jedes Joch zu zerbrechen, an die Hungrigen dein Brot auszuteilen, die obdachlosen Armen ins Haus aufzunehmen, wenn du einen Nackten siehst, ihn zu bekleiden und dich deinen Verwandten nicht zu entziehen. Dann wird dein Licht hervorbrechen wie die Morgenröte, und deine

*Wunden werden schnell vernarben. Deine Gerechtig-
keit geht dir voran, die Herrlichkeit des Herrn folgt dir
nach. Wenn du dann rufst, wird der Herr dir Antwort
geben, und wenn du um Hilfe schreist, wird er sagen:
Hier bin ich.*

*Wenn du der Unterdrückung bei dir ein Ende
machst, auf keinen mit dem Finger zeigst und niemand verleumdest, dem Hungrigen dein Brot reichst
und den Darbenden satt machst, dann geht im Dunkel
dein Licht auf, und deine Finsternis wird hell wie der
Mittag. Der Herr wird dich immer führen, auch im
dürren Land macht er dich satt und stärkt deine Glieder. Du gleichst einem bewässerten Garten, einer
Quelle, deren Wasser niemals versiegt. Deine Leute
bauen die uralten Trümmerstätten wieder auf, die
Grundmauern aus der Zeit vergangener Generationen
stellst du wieder her. Man nennt dich den Maurer, der
die Risse ausbessert, den, der die Ruinen wieder be-
wohnbar macht."*

Weder Fasten noch sonst irgendeine religiöse Prak-
tik nützt etwas, wenn sie nicht auf das Wohl anderer
und die Bedürfnisse der Gesellschaft ausgerichtet ist.

Natürlich lieben wir unsere Nächsten nicht, wenn
wir ihnen die gute Nachricht von Jesus Christus vorenthalten. Doch Evangelisation und soziales Engagement gehen Hand in Hand und beide sind in jedem
örtlichen Gemeindeprogramm als verantwortungsbewusster Ausdruck christlicher Liebe notwendig. Gott
rüstet die Gemeinde aus, diese Liebe zu zeigen, indem
er verschiedene Menschen zu verschiedenen Diensten
beruft und sie mit den entsprechenden Gaben ausrüstet. Einige sind Evangelisten, andere politische Ak-
tivisten und wieder andere sind zum sozialen Dienst
berufen. Billy Graham ist zum Beispiel hauptsächlich
zur Evangelisation berufen (obwohl er wesentlich zur
sozialen Arbeit beiträgt, indem er großzügig Gelder

„Also, ich habe wirklich den Eindruck,
wir sollten fasten, bis unser Flug nach
Barbados durchkommt."

für Katastrophenhilfe und Ausbildung zur Verfügung stellt). Andere, wie William Wilberforce und Martin Luther King, waren vor allem zur politischen Tätigkeit berufen, während Mutter Teresas Berufung im Bereich des sozialen Dienstes lag. Gott hat uns die Aufgabe übertragen, Jesus sowohl mit Worten als auch durch soziales Engagement zu bezeugen. An dieser Stelle konzentriert der Prophet sich auf unsere sozialen Verpflichtungen.

Soziales Handeln

In Vers 6 spricht er von drei „Geißeln" der Gesellschaft, die beseitigt werden müssen. Erstens herrscht Ungerechtigkeit. Soziales Engagement schließt das Streben nach der Schaffung einer gerechten Gesellschaft ein. Zweitens spricht er von Unmenschlichkeit

– wir müssen „*die Stricke des Jochs entfernen*", das heißt, wir müssen dafür sorgen, dass Menschen nicht wie Tiere behandelt werden. Drittens spricht er von Ungerechtigkeit – wir sollen die „*Versklavten freilassen*" und „*jedes Joch zerbrechen*". Die Beseitigung dieser Ursachen menschlicher Not kann das Bemühen einschließen, die gesellschaftlichen Strukturen durch politische und wirtschaftliche Aktivitäten zu verändern.

Südafrika ist ein klares Beispiel für ein Land, in dem diese drei Geißeln bis vor kurzem alle vorhanden waren. Da gab es die schreckliche Ungerechtigkeit der Apartheid, die unter anderem zu Inhaftierungen ohne Gerichtsverfahren und zu grundloser gesellschaftlicher Trennung führte. Die Tatsache, dass 77 Schwarze es für notwendig hielten, aus dem Fenster der Polizeistation in Johannesburg in ihren Tod zu springen, war nur ein Symptom für ein offenkundig ungerechtes System.

Zweitens gab es die Unmenschlichkeit des Systems. Nelson Mandela beschreibt in seiner Autobiografie „Der lange Weg zur Freiheit" die Haftbedingungen auf *Robben Island*. Der Kalk-Steinbruch, in dem sie wie Sklaven zwangsarbeiten mussten, war der Schauplatz schrecklicher Gräueltaten. Häftlinge wurden geschlagen und missbraucht, und Hunde wurden auf sie gehetzt. Ihnen war kein Kontakt zur Außenwelt gestattet. In der ersten Zeit durfte Mandela nur alle sechs Monate einen Brief erhalten. Manchmal wurde ihm gesagt: „*Mandela, wir haben einen Brief für dich bekommen, aber wir können ihn dir nicht geben.*" Ein Brief seiner Frau war so stark zensiert worden, dass kaum mehr als der Gruß übrig blieb. Als man ihn dabei ertappte, wie er eine Zeitung las, die ein Wächter vergessen hatte, wurden er zu drei Tagen Isolationshaft ohne Nahrung verurteilt.

Drittens herrschte Ungleichheit. Das Apartheidssystem war so umfassend, dass Schwarze und Weiße sogar im Gefängnis voneinander getrennt wurden. Die Schwarzen erhielten weniger Essen und durften keine langen Hosen tragen. Man nannte sie „Boy" und behandelte sie wie Tiere.

Ein Teil der Kirche Südafrikas sah keinen Anlass zum Einschreiten. Einige versuchten sogar, das System aufrechtzuerhalten. Andere jedoch, wie Bischof Desmond Tutu und Michael Cassidy, bezogen entschieden Stellung. Politisch stand Nelson Mandela an der Spitze des Kampfs. Einige sagen, dass Mandela kein Christ ist. Wenn das stimmt, ist sein Leben ein Vorwurf an die Gemeinde. Vieles deutet allerdings darauf hin, dass er Christ ist. Er schrieb: *„Ich habe ihnen gesagt, dass ich Christ war und immer Christ gewesen bin."*[63] Er unterrichtete als junger Mann eine Bibelgruppe und ging auf *Robben Island* regelmäßig zum Gottesdienst. Ganz gewiss bewies er die Frucht des Geistes, besonders indem er seinen Feinden vergab. Er schrieb: *„Ich wusste, dass die Menschen von mir erwarteten, dass ich Groll gegen die Weißen hege. Aber das tat ich nicht ... Ich wollte Südafrika zeigen, dass ich sogar meine Feinde liebe, während ich das System hasse, das uns gegeneinander gehetzt hat."*[64]

Mandela bekämpfte das System mit Mut und Entschlossenheit. Bevor er zum Gefängnis verurteilt wurde, sagte er:

„Ich weiß, wie schlimm die Diskriminierung gegen schwarze Afrikaner ist, selbst hinter den Gefängnismauern ... Aber stärker als meine Angst vor den schrecklichen Bedingungen, denen ich im Gefängnis vielleicht unterworfen sein werde, ist mein Hass gegen die schrecklichen Bedingungen, denen mein Volk überall in diesem Land außerhalb des Gefängnisses unterworfen ist ... Wenn meine Haftstrafe vorüber ist ...

werde ich immer noch bestrebt sein ... das Ringen um die Beseitigung dieser Ungerechtigkeiten, so gut ich kann, wieder aufzugreifen, bis sie schließlich ein für alle Mal abgeschafft sind ..."[65]

Mandela weigerte sich, Hass in seiner Seele aufkommen zu lassen. Auf *Robben Island* lehrte er die jungen Freiheitskämpfer dasselbe, damit sie nicht wie jene wurden, die sie inhaftiert hatten. Seine Sorge galt allen Südafrikanern gleich welcher Hautfarbe. Nach 27½ Jahren Gefängnis wurde ihm mitgeteilt, dass er innerhalb der nächsten 24 Stunden freigelassen werden würde, doch er bat um eine weitere Woche, um sich zu verabschieden und jedem Gefängnisangestellten zu danken. James Gregory, der zwanzig Jahre lang sein Wärter war, schrieb ein Buch mit dem Titel *„Auf Wiedersehen, Bafana Nelson Mandela, mein Häftling, mein Freund".*[66] Er und seine Familie waren Ehrengäste bei der Vereidigung des Präsidenten. Während seiner gesamten Haftzeit erwies sich Mandela in der Tat als würdevoll, ohne jede Verbitterung, tolerant und vergebungsbereit. Er hat *„eine zum Zynismus neigende Welt inspiriert."*[67]

Ungerechtigkeit, Unmenschlichkeit und Ungleichheit sind nicht immer klar zu erkennen. Sie kommen überall in der Welt reichlich vor, aber sie existieren auch in unserer eigenen Umgebung. Ein Beispiel ist die Frage der Abtreibung. Was könnte ungerechter sein als der Mord an unschuldigen Babys, bevor sie überhaupt geboren werden? Was könnte unmenschlicher sein als die Art, wie dabei vorgegangen wird? Was könnte ungleicher sein, als ungeborene Kinder so anders zu behandeln als die, die ein wenig älter sind? Christen müssen auf lokaler und nationaler Ebene in die gesellschaftlichen Strukturen hineinwirken, um Ungerechtigkeit, Unmenschlichkeit und Ungleichheit zu bekämpfen, wo immer sie auftreten.

Sozialer Dienst

Nun geht der Prophet von der Beseitigung der Ursachen menschlicher Not über zum sozialen Dienst, der direkten Abhilfe menschlicher Not.

Vers 7 deutet auf drei Bereiche menschlicher Not. Erstens verweist er auf die Hungrigen: „*... an die Hungrigen dein Brot auszuteilen.*" Millionen Menschen sterben jährlich an Hunger, obwohl Gott genug Nahrung für alle Menschen bereitgestellt hat. Es gibt keinen politischen oder wirtschaftlichen Grund, der die Existenz von Nahrungsmittelbergen rechtfertigen würde, während ein großer Teil der Welt hungert. Erfreulicherweise gibt es Menschen, die entschlossen sind, diese Situation zu ändern.

1948 ging Bob Pierce, ein junger amerikanischer Evangelist, der bei „Jugend für Christus" arbeitete, nach China, um seinen ersten größeren Film zu drehen: „Herausforderung China". Auf der Insel Amoy (heute Xiamen genannt) in der Formosastraße, in einer von christlichen Missionaren geleiteten Schule für 400 chinesische Mädchen, begegnete er einem zerlumpten und hungrigen Kind mit dem schönen Namen Weiße Jade. Ihr Vater hatte sie geschlagen, weil sie die Mission besucht hatte. Die Schule, die für ihre eigenen Schüler nicht genug zu essen hatte, hatte ihr nichts gegeben. Als Dr. Pierce erfuhr, dass 25 Dollar im Jahr für den Unterhalt des Mädchens genügen würden, gab er der Direktorin die fünf Dollar, die er in der Tasche hatte, und versprach, mehr Geld zu schicken.

1950 wurde *World Vision* unter der Leitung von Pierce als neue Organisation für missionarische Dienste gegründet. *World Vision* setzte es sich zum Ziel, für die Vaterlosen und Witwen zu sorgen, den Armen und Hungernden zu helfen, die Kranken zu versorgen und sich zu bemühen, das Evangelium von Jesus Christus weiterzugeben. 1996 erfuhren fünf Millionen Menschen in über 100 Ländern Hilfe durch langfristige Gemeinschaftsprojekte, besonders für bedürftige Kinder, und durch Nothilfeprogramme für Personen, die durch Konflikte oder Katastrophen in Not geraten waren.

Zweitens verweist der Prophet auf Heimatlosigkeit oder Obdachlosigkeit: „.... *die obdachlosen Armen ins Haus aufzunehmen*". Es gibt Menschen, deren Grundstücke und Häuser zur Begleichung von Schulden beschlagnahmt wurden. Millionen Menschen in der ganzen Welt stehen immer noch vor einer Zukunft ohne Hoffnung auf eine vernünftige Unterkunft. Allein in Kalkutta schlafen 250.000 Menschen nachts auf den Straßen. Auch in Europa wird das Problem der Obdachlosigkeit immer gravierender.

Millard Fuller, ein millionenschwerer Geschäftsmann aus Alabama, ist jemand, der auf diesen Ruf eingegangen ist. Er gab sein persönliches Vermögen auf und gründete 1976 eine Organisation unter der einfachen Prämisse, dass jeder Einzelne einen menschenwürdigen Wohnort verdient. Heute koordiniert diese christlich-ökumenische Organisation, *Habitat für Humanity International,* die Arbeit von Hunderttausenden freiwilliger Helfer, die in über 40 Ländern Häuser bauen. Inzwischen hat sie weltweit rund 30.000 Häuser gebaut und 100.000 Menschen eine sichere, anständige und bezahlbare Unterkunft vermittelt.

Drittens deutet Jesaja auf Armut: „.... *wenn du einen Nackten siehst, ihn zu bekleiden*". Fehlende Kleidung ist ein Zeichen tiefster Armut. Ein Fünftel der Weltbevölkerung ist mittellos und 800 Millionen Menschen stecken in absoluter Armut, einem Zustand geprägt von Unterernährung, Analphabetentum, Krankheit,

verwahrloster Umgebung, hoher Kindersterblichkeits-
rate und niedriger Lebenserwartung.

Wir hören solche Statistiken und fragen uns, wie irgendein Einzelner auch nur das Mindeste verändern
kann. Doch gelegentlich tut einer dies, und das sollte
uns inspirieren. Bill Magee ist ein plastischer Chirurg,
der schockiert feststellte, dass in den Entwicklungs-
ländern viele Kinder mit unbehandelten Gaumenspal-
ten durchs Leben gehen. Ihr entstelltes Gesicht macht
sie zur Zielscheibe des Spotts. Magee und seine Frau
organisierten ein Hilfsprogramm mit dem Namen
Operation Smile (Operation Lächeln): ganze Flug-
zeuge voller Ärzte und Assistenten reisen nach Viet-
nam, auf die Philippinen, nach Kenia, Russland und in
den Nahen Osten, um Missbildungen operativ zu beseitigen. Inzwischen haben sie bereits über 36.000
Kinder operiert.

Lady Cicely Saunders ist die Gründerin der heutigen Hospiz-Bewegung am *St. Christopher's*-Kranken-
haus in London. Die Sozialarbeiterin und Kranken-
schwester war betroffen über die Art, wie das medizi-
nische Personal Menschen behandelte, die im Sterben
lagen. Sie glaubte, Christen würden am besten in der
Lage sein, Sterbenden die richtige Mischung körperli-
cher, emotionaler und geistlicher Fürsorge zukommen
zu lassen. Nachdem sie die Approbation als Ärztin er-
langt hatte, begann sie mit dem Aufbau einer Ein-
richtung, in der Menschen in Würde und ohne
Schmerzen sterben konnten. Inzwischen gibt es allein
in den Vereinigten Staaten 2.000 solcher Sterbe-Hos-
pize.

Die Formulierung „*wenn du ... siehst*" (Vers 7b) ist
viel sagend. Unser erster Schritt besteht darin, Augen
zu haben, die die Not wahrnehmen. Dann haben wir
die Pflicht zu handeln. Oft werden wir von den mas-
siven globalen Ausmaßen der Probleme überwältigt

sein und uns fragen, ob wir wirklich etwas bewirken können. Dazu hörte ich einmal eine schöne Geschichte:

Eines Tages ging ein Mann an einem Strand spazieren, als die Ebbe einsetzte. Er sah, wie Seesterne zu Zehntausenden auf dem Sand strandeten, austrockneten und langsam starben. Da bemerkte er einen Jungen, der einen Seestern nach dem anderen aufhob und ihn ins Meer zurückwarf. Er ging auf den Jungen zu und meinte: *„Bei den Abertausenden Seesternen, die hier überall am Strand liegen, musst du doch das Gefühl haben, dass deine Mühe keinen Unterschied macht."* Der Junge warf einen weiteren Seestern ins Meer, drehte sich um und erwiderte: *„Ich wette, für diesen hier macht es einen großen Unterschied."*

Familienleben

Der Prophet fügt eine interessante praktische Bemerkung hinzu: *„.... und dich deinen Verwandten nicht zu entziehen"* (Vers 7b). Man kann durchaus sozial engagiert sein, aber die eigene Familie dabei vernachlässigen. Die Bedürfnisse unserer eigenen Familie müssen gegen die anderer Menschen aufgewogen werden. Für viele ist die Familie zunächst das Umfeld, in dem sie die Liebe und das Erbarmen Gottes zum Ausdruck bringen lernen. Da Kinder Geborgenheit brauchen, müssen wir zum Beispiel vorsichtig sein, wen wir in unsere vier Wände einladen.

Natürlich besteht manchmal nicht die Möglichkeit, die Bedürfnisse unserer eigenen Familie zu erfüllen. Es gibt einen sehr ergreifenden Abschnitt in Nelson Mandelas Buch, in dem er von einer „besonders schönen Tomatenpflanze" berichtet, die er im Gefängnis gezogen hatte. Er hatte sie *„vom zarten Sämling bis zur kräftigen Pflanze, die tiefrote Früchte trug, ge-*

hegt." Doch dann begann die Pflanze zu verkümmern und abzusterben, und er fuhr fort: *"Was ich auch unternahm, nichts ließ sie wieder gesunden. Als sie schließlich eingegangen war, zog ich die Wurzeln aus der Erde, wusch sie und begrub sie in einer Ecke des Gartens."*[68] Dann schrieb er an seine Frau und berichtete, was geschehen war. Der Vorfall erinnerte ihn an das Gefühl der Unfähigkeit, viele der Beziehungen zu pflegen, die ihm in seinem Leben am wichtigsten waren. Als seine Mutter starb, konnte er nicht zur Beerdigung gehen. Als sein Sohn bei einem Autounfall ums Leben kam, wurde ihm wieder die Genehmigung versagt. Er beschreibt, wie er nach vielen Jahren seine Frau berühren durfte. *"Zum ersten Mal küsste und umarmte ich meine Frau. Es war ein Augenblick, von dem ich wohl tausendmal geträumt hatte... einundzwanzig Jahre war es her, dass ich auch nur die Hand meiner Frau berührt hatte."*[69]

Diejenigen unter uns, die ihre eigenen Familien versorgen können, müssen dies tun. Wir sind aufgerufen, ein starkes Familienleben aufzubauen und uns um unsere Ehepartner, unsere Kinder und unsere Eltern zu kümmern. In unserem Wunsch, umfassendere soziale Verpflichtungen zu übernehmen, dürfen wir es nicht vernachlässigen, ein starkes Familienleben aufzubauen.

Die Folgen

Soziales Handeln, sozialer Dienst und die Pflege des Familienlebens sind keine ermüdende Last, sondern eine Freude. Der Prophet führt dem Volk nun eine erstaunliche Palette an Verheißungen vor Augen, die auf den Gehorsam gegenüber Gottes Geboten folgen. Erstens verspricht Gott einen neuen Anfang: *„Dann wird dein Licht hervorbrechen wie die Morgenröte"* (Vers 8a). Zweitens verheißt er Wiederherstellung und Heilung: *„Deine Wunden werden schnell vernarben"* (Verse 8-9). Das Wort für Heilung bezeichnet buchstäblich eine neue Hautschicht, die sich über einer heilenden Wunde bildet.[70] Drittens verspricht Gott Sicherheit und Schutz: *„Deine Gerechtigkeit geht dir voran, die Herrlichkeit des Herrn folgt dir nach"* (Vers 8b). Viertens können wir mit Gebetserhörungen rechnen: *„Wenn du dann rufst, wird der Herr dir Antwort geben, und wenn du um Hilfe schreist, wird er sagen: Hier bin ich"* (Vers 9a).

An dieser Stelle unterbricht Jesaja den Strom der Verheißungen mit einer weiteren Zusammenfassung der Bedingungen. Er wiederholt die Notwendigkeit, dem Joch der Unterdrückung ein Ende zu machen und fordert die Leute auf, sich einzusetzen, *„dem Hungrigen dein Brot"* zu reichen und *„den Darbenden satt"* zu machen (Vers 10a). Aber er fügt hinzu, dass es auch erforderlich ist, *„auf keinen mit dem Finger zu zeigen und niemand zu verleumden"* (siehe Vers 9b). Ein geschärftes soziales Gewissen und ein guter Dienst können durch eine kritische Haltung in Verbindung mit Halbwahrheiten, Klatsch und übler Nachrede befleckt werden.

In den folgenden Versen setzt Gott die Aufzählung der Verheißungen fort: *„Dann geht im Dunkel dein Licht auf, und deine Finsternis wird hell wie der Mittag"* (Vers 10b). *„Der Herr wird dich immer führen, auch im dürren Land macht er dich satt"* (Vers 11a) *„und stärkt deine Glieder"* (Vers 11a).

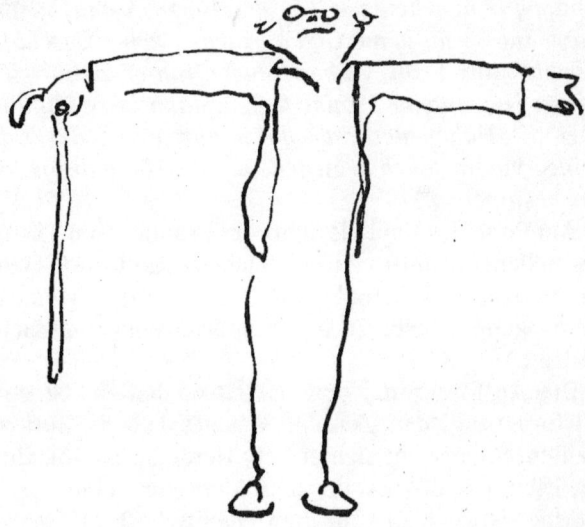

Achtens verheißt Gott frische Quellen aus unserem Innern: *„Du gleichst einem bewässerten Garten, einer Quelle, deren Wasser niemals versiegt"* (Vers 11b). Neuntens geschieht ein Wiederaufbau: *„Deine Leute bauen die uralten Trümmerstätten wieder auf, die*

Grundmauern aus der Zeit vergangener Generationen
stellst du wieder her. Man nennt dich den Maurer, der
die Risse ausbessert, den, der die Ruinen wieder be-
wohnbar macht" (Vers 12). Dies ist mit der Verheißung
in Jesaja 61,4 vergleichbar.

Liebe zu Gott in Verbindung mit Liebe zu unserem Nächsten (Verse 13-14)

„Wenn du am Sabbat nicht aus dem Haus gehst und
an meinem heiligen Tag keine Geschäfte machst, wenn
du den Sabbat den Tag der Wonne nennst, einen Eh-
rentag für den heiligen Tag des Herrn, wenn du ihn
ehrst, indem du keine Gänge machst, keine Geschäfte
betreibst und keine Verhandlungen führst, dann wirst
du am Herrn deine Wonne haben, dann lasse ich dich
über die Höhen der Erde dahinfahren und das Erbe
deines Vaters Jakob genießen. Ja, der Mund des Herrn
hat gesprochen."

Am Ende des Kapitels kehrt der Prophet zum Thema
des liebenden Gottes zurück. Liebe zu Gott ohne Liebe
zu unserem Nächsten genügt nicht. Doch genauso
wenig genügt Liebe zu unserem Nächsten ohne Liebe
zu Gott.

Die Aufforderung, den Sabbat zu halten, ist eine
Aufforderung, den Zeitplan unseres Lebens Gott zu
weihen. Sie bezieht sich auf ein Herz, das so von Gott
ergriffen ist, das es für den Menschen eine „reine
Wonne" ist, sich Zeit für die Gemeinschaft mit ihm zu
nehmen. Der Sabbat war ein Symbol für ein Leben,
das dem Herrn völlig hingegeben war. Der Schlüssel
ist die Formulierung: *„... euren [eigenen] Beschäfti-*
gungen nachgeht" (Vers 13b; Gute Nachricht). Dies erinnert an Vers 3b: das Problem bei ihrem Fasten war,
dass sie fortfuhren zu tun, was ihnen beliebte.

Wenn wir den Herrn über alles lieben, werden wir eher das tun wollen, was ihm gefällt, als was uns beliebt. Wenn wir unsere Liebe zum Nächsten mit Liebe zu Gott verbinden, verspricht er uns drei Dinge. Erstens Freude: wir werden *„am Herrn [unsere] Wonne haben"* (Vers 14a). Zweitens verspricht er, dass wir *„über die Höhen der Erde dahinfahren"* werden (Vers 14a). Hier geht es um Zuversicht in den Problemen des Lebens, der Fähigkeit, sich über Bedrängnisse und Hindernisse hinauszuheben, ganz so wie es ein Flugzeug tut, das höher steigen muss, wenn es in Turbulenzen gerät. Drittens werden wir Erfüllung finden. Wir werden „genießen", uns an den Segnungen des Bundes erfreuen und das Land ohne Störungen besitzen. Diese Segnungen sind garantiert, denn *„der Mund des Herrn hat gesprochen"* (Vers 14b).

Wir müssen sowohl unsere „vertikale" Beziehung zu Gott als auch unsere „horizontalen" Beziehungen zu anderen pflegen. Jesus gab uns dafür ein Symbol. Die vertikale und die horizontale Dimension trafen sich am Kreuz, als Jesus zu seinem Vater aufblickte und seine Arme für die Welt ausstreckte.

Wahre Erweckung muss diese Verbindung haben, wie es bei der Erweckung in England im 18. Jahrhundert der Fall war. George Whitefield dachte immer an die Bedürfnisse der Armen und „pflegte [seine] Bekanntschaften mit den Reichen zum Wohl der Amen." Er wurde tatsächlich beschuldigt, ein geistlicher „Taschendieb" zu sein! John Wesley war nicht nur Prediger, sondern auch ein Prophet der sozialen Gerechtigkeit. Er verfasste ein Buch, in dem er den Sklavenhandel mit seinen unmenschlichen Praktiken scharf anprangerte, während er von der breiten Mehrheit seiner Zeitgenossen gedankenlos akzeptiert wurde. In einer Zeit, als der Sieg über Napoleon und die An-

fänge der industriellen Revolution England Wohl-
stand brachten, entfachte die Erweckung einen sozialen Wandel. Die Alphabetisierung der Benachteiligten
schritt voran, die Gefängnisse wurden reformiert (besonders durch das Werk von John Howard, einem
Freund Wesleys) und viele, die von der Erweckung erfasst worden waren, engagierten sich in den verschie-
densten Bereichen. Der Historiker K. S. Latourette
kommt zu dem Schluss, dass sich trotz des damals
glaubensfeindlichen Klimas in Europa *„im Christentum wieder neues Leben ausbreitete"* und dass diejenigen, die Teil davon waren, *„einen großen Teil der
Menschheit gestalten"* sollten.[71]

Die wesentlichen gesetzlichen sozialen Errungen-
schaften des 19. Jahrhunderts wurden auf dem Hintergrund mächtiger geistlicher Bewegungen erzielt.
Der Historiker Arnold Toynbee war der klaren Ansicht, dass die evangelikale Erweckung des 18. Jahrhunderts England vor den revolutionären Wirren bewahrte, die damals den europäischen Kontinent, insbesondere Frankreich, heimsuchten. Die Erweckung
gab dem britischen Volk ein soziales Gewissen,
brachte Menschen hervor, die sich für die Abschaf-
fung der Sklaverei einsetzten, und holte Frauen und
Kinder aus den Minen heraus und Jungen von den
Schornsteinen herunter. Außerdem führte die Erweckung zu vermehrter Fürsorge für Häftlinge und
Geisteskranke, zu einer Verringerung der Arbeitsstun-
den und einem Bemühen um bessere Lebensbedin-
gungen für die Armen.

Wie wir gesehen haben, brachte die Erweckung in
Wales in den Jahren 1904 und 1905 bleibende Verän-
derungen in der Gesellschaft. Ein Beispiel ist der
Rückgang der Trunkenheit und damit verbundener
Straftaten. Die folgenden Zahlen über Verurteilungen
wegen Trunkenheit in Glamorgan wurden vier Jahre

nach Beginn der Erweckung vom Polizeidirektor von Cardiff veröffentlicht:

1902   9.298
1903 10.528
1904 11.282
1905   8.164
1906   5.490
1907   5.615

Trunkenheit ist oft Auslöser für viele andere Straftaten, wie Kindesmisshandlung und eheliche Gewalt. Der Polizeidirektor sagte: *„Der Rückgang an Fällen von Trunkenheit war zweifellos dort besonders deutlich, wo die Erweckung die meisten Nachfolger hatte. Die Leute fingen an, Geschäftsinhabern Schulden zurückzuzahlen, die diese bereits abgeschrieben hatten. Frauen, die einander vor Gericht verklagt hatten, beteten Seite an Seite in derselben Versammlung."* Die Zahl der unehelichen Geburten ging zurück. Gestohlene Güter wurden zurückgebracht und an mehreren Stellen wurden den Gerichtsbeamten weiße Handschuhe überreicht, als Zeichen, dass keine Fälle mehr zu verhandeln waren.

Sektierertum und Misstrauen nahmen ein Ende. *„Denominationelle Mauern, in Wales vielleicht ebenso hoch wie in den meisten anderen Ländern, stürzten ein wie die Mauern von Jericho."*[72] Edwin Orr, eine der größten Autoritäten auf dem Gebiet der Erweckungsgeschichte, schrieb: *„Die Erweckung vereinte die Denominationen zu einem Leib, füllte die Kirchen, erneuerte Familienbande, veränderte Menschenleben in Minen und Fabriken, überfüllte oft die Straßen mit riesigen Prozessionen, verringerte die sozialen Laster und senkte die Verbrechensrate."*

Wahre und bleibende Erweckung verändert nicht nur Menschenherzen, sondern auch Gemeinschaften und Institutionen. Liebe zu Gott und Liebe zum

Nächsten gehen Hand in Hand. Bischof Lesslie Newbigin, der aus seiner reichen Erfahrung spricht,
schreibt:

*„Christliche Programme für Gerechtigkeit und Er-
barmen ... getrennt von ihren eigentlichen Wurzeln im
liturgischen und sakramentalen Leben der örtlichen
Gemeinde ... verlieren ihren Charakter als Zeichen der
Gegenwart Christi und laufen Gefahr, bloße Feldzüge
zu werden, gespeist von einem Moralismus, der selbst-
gerecht werden kann. Und das Leben der anbetenden
Gemeinde, getrennt von ihrem eigentlichen Ausdruck
im barmherzigen Dienst an der säkularen Gemeinschaft ihrer Umgebung, läuft Gefahr, zu einer selbst-
bezogenen Existenz zu werden, die nur den Bedürfnissen und Wünschen ihrer Mitglieder dient."*[73]

Wir dürfen nicht herumsitzen und warten, dass Erweckung geschieht. Wir sind berufen, auf Gottes Liebe
zu uns zu antworten, indem wir Liebe zu unserem
Nächsten zeigen. Das schließt ein, durch soziales Handeln an die Ursachen menschlicher Not heranzugehen
und diese Not durch sozialen Dienst direkt zu lindern.

Charles Grandison Finney (1792-1875), ein amerikanischer Rechtsanwalt und einer der größten Evangelisten der Welt, gilt vielen als Vorläufer der modernen Evangelisation. Er schrieb:

*„Der große Auftrag der Gemeinde besteht darin, die
Welt zu verbessern – jede Art von Sünde zu beseitigen.
Die christliche Kirche wurde dazu gesetzt, in jeder
Richtung aggressiv voranzugehen, ihre Stimme zu er-
heben und ihre Energien gegen Unrecht an frommen
wie an gottlosen Orten einzusetzen, Einzelne, Gemein-
den und Regierungen zu bessern, bis jede Form von
Unrecht von der Erde vertrieben ist."*[74]

9

Wo liegt die Quelle
der Erweckung?

Jesaja 61,1-11

*„1972 war mein geistliches Leben gelinde gesagt
ziemlich durcheinander ... Vielleicht hatte ich zu viel
Zeit in der theologischen Ausbildung verbracht – ich
weiß es nicht – aber aus irgendwelchen Gründen
steckte ich geistlich in einer Krise. Mein Herz hatte
mit meinem Kopf nicht Schritt gehalten. Manchmal,
wenn ich die Theologie des Neuen Testaments lehrte,
ertappte ich mich bei dem Gedanken: „Du bist ein
Heuchler. Du glaubst das alles ja gar nicht." Doch ich
saß in der Falle; ich musste weitermachen. Ich durfte
nicht das Gesicht verlieren und musste so tun, als
wäre bei mir alles in Ordnung.*

*Das Gefühl der geistlichen Leere war besondes akut,
wenn ich Vorlesungen über den Heiligen Geist hielt ...
Das Einzige, dessen ich mir sicher war, war meine
geistliche Leere.*

*An sich war ich völlig normal. Geistig war alles in
Ordnung, ich war kein zitterndes Nervenbündel oder
Ähnliches. Ich war damals 37, ein normaler, ausge-
glichener Mensch. Ich war glücklich verheiratet ... wir
waren mit vier Kindern gesegnet. Doch mein Christsein war nicht mehr lebendig. Die großen Wahrheiten
des Evangeliums hatten ihr Feuer und ihre Überzeu-*

gungskraft verloren. Mir ging es äußerlich in jeder Hinsicht gut, doch ich wusste, wenn Gott nicht bald eingriff, war mein Glaube am Ende. Es war zum Verzweifeln!

Obendrein stand ich immer mehr jungen Charismatikern im College gegenüber, deren Gewissheit, Überschwänglichkeit und geisterfülltes Leben mir meine eigene Armut noch bewusster machten ... [Irgendwann, an einem Sonntagmorgen] lag ich auf den Knien: „Herr, du weißt, wie es in mir zur Zeit aussieht ... Ich danke dir, dass du mich in ein christliches Amt berufen hast und mich zu diesem Dienst befähigst. Doch Herr, ich bin so beschäftigt mit dieser Aufgabe, dass ich dich verloren habe. Ich habe mich so sehr auf mich selbst konzentriert und mich nur für meine Arbeit interessiert, dass ich dich aus meinem Leben verdrängt habe. Ich kann dieses heuchlerische Leben nicht länger ertragen. Wenn du mich nicht wieder mit deinem Heiligen Geist erfüllst, kann ich nicht weitermachen!" ... Gott sprach mit einer sanften, stillen Stimme zu mir ... In dieser friedvollen Atmosphäre kam Christus und nahm mich neu als sein Eigentum an.

Nur eines war merkwürdig: Ein Wort kam mir immer wieder in den Sinn: Schamajim, Schamajim! Was sollte das bedeuten? Später fiel es mir ein – natürlich! Schamajim ist das hebräische Wort für Himmel. Und dieser Abend war ein Vorgeschmack auf den Himmel. Ich war dem Heiligen Geist auf ganz einfache und spürbare Weise begegnet – ich war wieder zu Hause.

Was änderte sich daraufhin? Einiges! Ich empfand jetzt eine große Liebe zu Christus; verspürte den Wunsch, in der Bibel zu lesen; eine Sehnsucht, mit anderen über meinen Glauben zu sprechen und Gott zu loben. Später erfuhr ich, dass dies die typischen Auswirkungen des Heiligen Geistes ... waren ... Ohne diese Erfahrung mit Gottes Geist wäre die Geschichte von St. Nic [seine erste Pfarre als Vikar] nicht so verlaufen ... weil ich niemals die geistlichen Fähigkeiten gehabt hätte, um eine Gemeinde zu führen; genauso wenig hätte ich eine Vorstellung davon gehabt, wie Gott in einer Gemeinde wirken kann. Gott hat mich durch dieses Erlebnis für die folgende Aufgabe vorbereitet."

Dies sind die Worte von Dr. George Carey, Erzbischof von Canterbury.[75]

Einmal wurde Jesus eingeladen, vor Familienangehörigen und Freunden zu predigen. Der örtliche Rabbi forderte ihn auf, den Lehrtext vorzulesen und danach zu sprechen. Er stand auf und begann, aus der Schriftrolle, die man ihm überreicht hatte, Jesaja 61,1-3 vorzulesen: *„Der Geist Gottes, des Herrn, ruht auf mir; denn der Herr hat mich gesalbt. Er hat mich gesandt, damit ich den Armen eine frohe Botschaft bringe und alle heile, deren Herz zerbrochen ist, damit ich den Gefangenen die Entlassung verkünde und den Gefesselten die Befreiung, damit ich ein Gnadenjahr des Herrn ausrufe."* Am Ende reichte er die Schrifttrolle zurück und setzte sich. Dann begann er seine Rede mit diesen Worten: *„Heute hat sich das Schriftwort, das ihr eben gehört habt, erfüllt"* (Lukas 4,21). Die Leute sagten: *„Wer ist das? Ist das nicht der Sohn Josefs?"* Zuerst waren sie ganz begeistert, aber als er deutlich machte, dass auch die Heiden Gottes Gunst erfahren würden, wurden sie wütend. Sie packten ihn und zerrten ihn an einen Abgrund, um ihn hinunterzustoßen, aber irgendwie schob er sich mitten durch sie hindurch und ging seiner Wege.

Bei vielen alttestamentlichen Prophetien können wir drei Ebenen der Erfüllung erkennen. Wie bei einem Landschaftsbild gibt es einen Vordergrund, eine Mitte und einen Hintergrund. Der Vordergrund ist der

unmittelbare Zusammenhang; die Mitte liegt oft noch
Jahrhunderte entfernt (wie in diesem Fall die Ankunft
Jesu); der Hintergrund kann noch weiter in der Zu-
kunft liegen, wie die Erfüllung dieser Prophetie in der
Gemeinde oder das zweite Kommen Jesu.

Der historische Kontext von Jesaja 61,1-3 ist wahrscheinlich die Periode unmittelbar nach dem Exil. 539
vor Christus besiegte der Perserkönig Kyrus die babylonische Armee und zog in Babylon ein. 538 erließ er
einen Beschluss über den Wiederaufbau des Tempels
in Jerusalem. Er erlaubte den Juden, aus Babylon
heimzukehren und mit dem Wiederaufbau zu beginnen, und gab die Tempelgeräte zurück, die bei der Er-
oberung der Stadt geplündert worden waren (Esra
6,3ff.). 537 kehrte eine kleine Schar Israeliten zurück.
Die prophetischen Worte in Jesaja 61 richten sich an
ein erschöpftes und entmutigtes Volk, das vor der
Aufgabe eines gewaltigen Wiederaufbaus einige Jahre
später stand.

Wie wir gesehen haben, liegt die zweite Ebene und
die eigentliche, wahre Erfüllung in Jesus. Die dritte
Ebene sind die Ereignisse am Pfingsttag, als Jesus seinen Geist auf die Gemeinde sandte. Gott hat alle
Christen mit demselben Geist gesalbt, mit dem Jesus
gesalbt war: in derselben Art und Weise und zu denselben Absichten, wie wir sie in diesen Versen beschrieben finden. Diese dritte Ebene der Erfüllung gibt
dem Abschnitt Relevanz für die Gläubigen der Kirchengeschichte und für uns alle heute. Diesem Bezugspunkt gilt unser Hauptinteresse in diesem Abschnitt. Es ist jedoch wichtig, in Erinnerung zu behal-
ten, dass der Abschnitt auch eine unmittelbare historische Erfüllung und in Jesus eine zentrale Erfüllung
fand.

Der Ritus der „Salbung" (Vers 1) im Alten Testament war im Wesentlichen den Königen und auch den

Priestern vorbehalten. Es war nicht üblich, Propheten zu salben; Elisa bildet da eine Ausnahme (1. Könige 19,16). Die Salbung war oft mit der Zuteilung des Heiligen Geistes verbunden (siehe 1. Samuel 16,13; 2. Samuel 23,1-7). In diesem Abschnitt in Jesaja sehen wir drei Resultate der Salbung mit dem Heiligen Geist, die uns helfen zu verstehen, warum wir heute eine solche Salbung brauchen.

Wir haben Vollmacht, das Leben Einzelner wiederherzustellen (Verse 1-3)

„Der Geist Gottes, des Herrn, ruht auf mir; denn der Herr hat mich gesalbt. Er hat mich gesandt, damit ich den Armen eine frohe Botschaft bringe und alle heile, deren Herz zerbrochen ist, damit ich den Gefangenen die Entlassung verkünde und den Gefesselten die Befreiung, damit ich ein Gnadenjahr des Herrn ausrufe, einen Tag der Vergeltung unseres Gottes, damit ich alle Trauernden tröste, die Trauernden Zions erfreue, ihnen Schmuck bringe an Stelle von Schmutz, Freudenöl statt Trauergewand, Jubel statt der Verzweiflung. Man wird sie ‚Die Eichen der Gerechtigkeit‘ nennen, ‚Die Pflanzung, durch die der Herr seine Herrlichkeit zeigt.‘“

John Wimber definierte Dienen folgendermaßen: „Den Bedürfnissen anderer mit den Mitteln Gottes begegnen." Die Gegenwart des Heiligen Geistes gibt uns Kraft und Autorität, genau dies zu tun.

Erstens werden wir befähigt, Gottes Wort zu sprechen, „den Armen eine frohe Botschaft [zu] bringen" (Vers 1). Das griechische Wort für „frohe Botschaft bringen" ist das Verb *euangelizomai*[76], von dem unser Begriff „evangelisieren" abgeleitet ist. Die „Armen" sind die Unterdrückten, die sozial und materiell Benachteiligten und die Schuldbeladenen. Uns wird Autorität gegeben, ihnen zu sagen, dass sie Hoffnung und Vergebung empfangen können und dass ihre Schuld beseitigt werden kann. Der Geist Gottes rüstet uns dazu aus, das Wort Gottes freimütig weiterzugeben.

Evan Roberts, der Mann im Zentrum der Erweckung in Wales 1904-1905 berichtete, wie der Geist Gottes ihm eine überwältigende Erfahrung der Liebe Gottes gab: *„Ich fühlte das brennende Verlangen in mir, kreuz und quer durch Wales zu gehen und vom Erlöser zu erzählen: und wäre es möglich gewesen, hätte ich Gott gern dafür bezahlt."[77]*

Zweitens bringt der Geist Gottes Heilung. Wir werden gesalbt, alle zu heilen, *„deren Herz zerbrochen ist"* (Vers 1). Das Verb *„heilen"* bedeutet, etwas zu verbinden, zu lindern und wiederherzustellen. Ein *„zerbrochenes Herz"* meint jede Art menschlichen Zusammenbruchs, ob körperlich, emotional oder geistlich. Wir haben die von Gott gegebene Vollmacht, den zerbrochenen Herzen, Menschenleben und Beziehungen unserer Umgebung Heilung zu bringen.

Unsere Gesellschaft hat diesen Dienst dringend nötig. In einem Artikel über Rockmusik, der kürzlich unter dem Titel „Jeder Mensch leidet" („Everybody Hurts", ein bekannter Song der Grunge-Band R.E.M. Anm. D. Red.) in der *Sunday Times* erschien, schrieb der Autor: *„Rock hatte immer seine düstere Seite, aber in jüngerer Zeit haben Angst und Depression sich zum Schlimmeren entwickelt."* Er zitierte aus einem Leserbrief:

„Willkommen im Leben nach dem Tod. Dies ist unsere Hölle; unsere Seelen werden gequält, bevor wir diesen schrecklichen, verständnislosen, eigennützigen Planeten verlassen. Warum bringen wir uns nicht

selbst um? ... Lohnt es sich, 50 weitere Jahre dieses Horrors auf sich zu nehmen? Der Horror, jeden Morgen mit dem Wunsch aufzuwachen, tot zu sein? Nein! Tu das, was dich glücklich macht."

Er berichtete: *„Die meisten Zuschriften handeln von dem verzweifelten Versuch, mit Depression fertig zu werden..."*[78]

Allerdings betrifft das nicht nur die Rockmusik, sondern diese gesamte Generation, die zerbrochenen Herzens ist und Heilung braucht.

Drittens sind wir befähigt, Befreiung zu proklamieren. Wir sind gesalbt, *„den Gefangenen die Entlassung [zu] verkünden und den Gefesselten die Befreiung ... ein Gnadenjahr des Herrn auszurufen, einen Tag der Vergeltung unseres Gottes"* (Vers 2). Mit dem „Gnadenjahr des Herrn" ist vermutlich das Jubeljahr oder Erlassjahr gemeint. Die Menschen in Israel sollten das Jubeljahr alle fünfzig Jahre feiern (obwohl sie es vielleicht nicht getan haben). Die Posaune sollte ertönen, und sie sollten allen Bewohnern überall im Land die Begnadigung verkünden. Alle Schulden sollten erlassen werden; jeder sollte zu seinem Familienbesitz und zu seiner eigenen Sippe zurückkehren. Die Sklaven mit ihren Kindern sollten freigelassen werden, um zu ihrer eigenen Sippe zurückzukehren. Das Jubeljahr war die Zeit, als den Gefangenen und Gefesselten Freiheit verkündet werden sollte (siehe 3. Mose 25,8-55).

Obwohl Kyrus den Juden wirklich die Freiheit gegeben hatte, aus dem Exil heimzukehren, taten nur wenige dies tatsächlich. Sie schienen ihre Freiheit nicht zu schätzen. Ähnlich war es, als in den USA die Sklaven freigelassen wurden und viele es zuerst nicht glaubten. Ihre früheren Besitzer mussten ihnen sagen: „Ihr seid frei." Viele Christen würden heute sagen, dass Jesus Menschen befreit, aber sie haben diese Freiheit selbst nicht erfahren. Jesus sagte: *„Wenn euch* *also der Sohn befreit, dann seid ihr wirklich frei"* (Johannes 8,36). Er befreit uns von gewohnheitsmäßigen Sünden, Süchten und der Last des Hasses und der Ablehnung. Uns wurde die *„Freiheit und Herrlichkeit der Kinder Gottes"* (Römer 8,21) gegeben. Als Christen wissen wir oft nicht zu schätzen, dass wir von Gott die Vollmacht haben, einander diese Freiheit zu verkünden.

Als Jesus in der Synagoge von Nazareth aus Jesaja las (Lukas 4,18-19), hörte er an dieser Stelle zu lesen auf und setzte sich. Er fuhr nicht fort mit dem „Tag der Vergeltung unseres Gottes." Die Zuhörer in Nazareth hätten diesen Vers auf Gottes Vergeltung an den Menschen außerhalb Israels bezogen. Tatsächlich sprach Jesus dann davon, dass Gottes Gunst sich auch auf diejenigen außerhalb Israels erstreckt. Das erste Kommen Jesu hatte nicht mit Vergeltung, sondern mit Erlösung und Gnade zu tun. Er sagte: *„Denn Gott hat seinen Sohn nicht in die Welt gesandt, damit er die Welt richtet, sondern damit die Welt durch ihn gerettet wird"* (Johannes 3,17). Wenn er wiederkommt, wird es einen „Tag" der Vergeltung geben, den man dem jetzigen „Jahr" der Gunst gegenüberstellen kann: wir müssen die gegenwärtige Gelegenheit nutzen, um Gottes Gnade zu verkünden.

Viertens wird uns die Vollmacht gegeben, *„alle Trauernden [zu] trösten, die Trauernden Zions [zu] erfreuen, ihnen Schmuck [zu] bringen an Stelle von Schmutz, Freudenöl statt Trauergewand, Jubel statt Verzweiflung"* (Verse 2-3). Uns ist die Vollmacht gegeben, Trauende in Gottes Gegenwart zu heben. Öl wurde benutzt, um die Haut zum Strahlen zu bringen, und wurde mit einer Zeit der Freude in Verbindung gebracht (Psalm 23,5; 45,8). Der „Jubel" deutet auf eine Fülle neuen Lebens, das sich in spontanem Lobpreis ausdrückt.

Das Resultat dieser Dienste (Predigt der guten Nachricht, Heilung, Befreiung und Trost) ist in der zweiten Hälfte von Vers 3 zu sehen: *„Man wird sie ‚Die Eichen der Gerechtigkeit' nennen, ‚Die Pflanzung, durch die der Herr seine Herrlichkeit zeigt'"* (Vers 3). Menschen, die zuvor verarmt, gefangen und verbittert waren, sind nun frei und fröhlich: ein neues Leben wurde gepflanzt. Und nicht nur das: diese Menschen haben jetzt eine neue Reife und sind in der Lage, für andere eine Quelle der Kraft zu sein. Die Verwandlung in ihrem Leben ist ein sichtbares Zeugnis für das Wirken des Geistes Gottes.

Kürzlich erhielt ich eine Broschüre von der *International Tree Foundation* (Internationale Baumstiftung) mit der Überschrift „Bäume sind Leben". Die Beschreibung der Bäume schien mir ein wunderbares Bild für den Leben spendenden Dienst des Geistes zu sein. Sie lautet:

„Bäume sind wirklich Leben spendend; sie bieten

„Noch immer weder praktisch noch schön, Cäcilie"

Mensch und Tier Nahrung und Schutz vor Sonne,
Wind und Regen. Bäume tragen dazu bei, den Grund-
wasserspiegel zu erhalten und die tropischen Re-
gengüsse zu regulieren. Sie filtern die Luft und ver-
wandeln Kohlendioxid in Sauerstoff. Sie beherbergen
und ernähren Vögel, Tiere und Insekten; sie düngen
und festigen das Erdreich; fördern den Wuchs von Pil-
zen und sind eine reiche Quelle verschiedenster Heil-
stoffe. Sie liefern Holz für Gebäude, Möbel und Papier
und – bedauerlicherweise – immer noch Brennstoff
zum Heizen und Kochen. Mit ihrem Wurzelwerk hal-
ten sie die Erde buchstäblich zusammen; sie verhin-
dern Erosion und Versteppung. All dies, und dazu sind
sie noch von bestechender Schönheit ...“[79]

Bäume verwandeln ihre Umgebung zum Guten.
Dasselbe gilt für die „Eichen der Gerechtigkeit".

Billy Graham gab als schüchterner und zurückhal-
tender Teenager sein Leben Christus. Als er die ersten
Male zu predigen versuchte, lernte er vier 45-
minütige Predigten auswendig, aber er war so nervös,
dass er sie in etwa acht Minuten herunterrasselte. Er
übte, indem er im Wald vor Eichhörnchen und Hasen
predigte, aber die Gemeinden wollten ihn nicht. Doch
seine Sehnsucht, anderen von Christus zu erzählen,
war ungebrochen. Dann bot sich eines Tages die Gelegenheit, vor etwa hundert Menschen zu predigen. Er
sprach nach der Predigt eine Einladung aus, sich Jesus
zuzuwenden, und zweiunddreißig Personen kamen
nach vorn.

1946 hörte Billy Graham Stephen Olford in der *Hil-*
denborough Hall in England über das Thema „Be-
rauscht euch nicht mit Wein, sondern lasst euch vom
Geist erfüllen" predigen (Epheser 5,18). Billy Graham
sagte, er konnte spüren, dass *„Stephen etwas in sei-*
nem Leben hatte, dass ich ergreifen wollte – er hatte
etwas Dynamisches, Faszinierendes, Erhebendes an

sich." Sie vereinbarten, sich zu treffen. Olford erläuterte „die Fülle des Heiligen Geistes im Leben des Gläubigen" und erinnert sich: *„Ich berichtete ihm, wie Gott mein Leben völlig auf den Kopf gestellt hatte – eine Erfahrung des Heiligen Geistes in seiner Fülle und Salbung. Während ich sprach, und ich sehe ihn immer noch vor mir mit diesen herrlichen, tränenerfüllten Augen, sagte er: ‚Stephen, ich weiß jetzt, das ist es, was ich will. Das ist es, was ich in meinem Leben brauche.'"* Sie knieten nieder und beteten gemeinsam. Schließlich sagte Billy Graham: *„Mein Herz ist so überflutet vom Heiligen Geist."* Sie hörten auf zu beten und begannen, Gott zu loben. *„Wir lachten und lobten Gott. Billy Graham ging im Zimmer auf und ab und weinte: ‚Ich bin erfüllt! Das ist der Wendepunkt in meinem Leben. Das wird meinen Dienst revolutionieren.'"* An jenem Abend, erinnert sich Olford, *„war Billy, als er aufstand, ein absolut gesalbter Mann."*

1949 leitete Graham eine Evangelisation in Los Angeles. Drei Wochen lang predigte er in einem Zelt, das 6.100 Menschen fasste. Dann bat er Gott um ein Zeichen, ob er weitermachen sollte. Um zwei Uhr nachts klingelte das Telefon. Es war Stuart Hamblen, ein Texaner Ende Dreißig und ein an der Westküste bekannter Radiosprecher. Er hatte eine tägliche Radiosendung, war ein geschickter Jäger, Rennpferdbesitzer, Spieler und starker Trinker. An diesem Abend kam er, um sich Graham anzuhören, und nach langem innerem Ringen gab er sein Leben Christus. Die daraus resultierende Öffentlichkeitswirkung war enorm und Hunderte von Neuankömmlingen strömten in das große Zelt. Jim Vaus, ein berüchtigter Verbrecher, hörte Hamblen im Radio über die Evangelisation berichten und beschloss aus reiner Neugier hinzugehen und sich Graham anzuhören. Er bekehrte sich und die Nachricht verbreitete sich in ganz Amerika. Das Zelt

musste erweitert werden, und Billy Graham setzte die
Evangelisation mehrere Wochen fort. Am letzten
Abend drängten sich über 9.000 Menschen in das
Zelt: es war die größte Zuhörerschaft dieser Art seit
dreißig Jahren.

1954 unterzeichnete Billy Graham einen Dreimo-
natsvertrag für das Harringay-Stadion im Norden
Londons mit einer Kapazität von 12.000 Sitzen. Der
Stadionbesitzer räumte später ein, dass er mit einem
Vertragsbruch innerhalb der ersten zwei Wochen ge-
rechnet hatte, da kein Sprecher das Stadion je für
mehr als einen Abend hatte füllen können. Die Presse
reagierte feindselig. Eine Schlagzeile lautete: „Silly
Billy" (Dummer Billy). Die Evangelisation sollte am 1.
März beginnen. An diesem Abend war das Stadion
trotz des schlechten Wetters berstend voll, während
Tausende noch draußen warteten. Billy Graham predigte aus Johannes 3,16: *„Denn Gott hat die Welt so
sehr geliebt, dass er seinen einzigen Sohn hingab,
damit jeder, der an ihn glaubt, nicht zu Grunde geht,
sondern das ewige Leben hat."* Abgesehen vom zweiten Abend, an dem es schneite und regnete, war das
Harringay-Stadion drei Monate lang jeden Abend
voll.

Billy Graham hatte die Briten von ihrer schweigsa-
men Zurückhaltung befreit; plötzlich war es leicht geworden, über Religion zu sprechen. Englische Christen, die sonst kaum den Mund aufzumachen wagten,
hatten nun die beste Gelegenheit ihres Lebens, und
Pastoren stellten bei Hausbesuchen in ihren Pfarreien
fest, dass man vom üblichen Geplauder nun schnell
zu tieferen Gesprächen kam. Billy Graham war das
Gesprächsthema in Familien, Fabriken, Vereinen und
Pubs. Noch außergewöhnlicher war die Veränderung
in den Londoner U-Bahn-Stationen. *„Von den schein-
bar endlosen Warteschlangen vor den Fahrkarten-*

schaltern aus hört man eine Woge von Gesang nach der anderen zur Straße zurückbranden", hieß es in einem Brief in *The Daily Telegraf*. *„Die U-Bahnen sind gerammelt voll von diesen singenden Scharen, und auf jedem Gesicht liegt ein Lächeln. Diese spontane Demonstration christlicher Freude ist höchst eindrucksvoll, und man kann nicht übersehen, welche Wirkung sie auf die Fahrgäste ausübt, die an den verschiedenen Haltestellen zusteigen."*

Die Presse ging von Kritik zu Bewunderung und Unterstützung über. Am Karfreitag füllten 40.000 Menschen bei einer Veranstaltung im *Hyde Park* eine Fläche von fast einem Quadratkilometer. Hoch über den Köpfen zeichneten zwei Düsenjets mit ihren Kondensstreifen ein Kreuz an den Himmel, während Graham sprach. Er zitierte: *„Gott verhüte, dass ich mich rühme, außer des Kreuzes unseres Herrn Jesus Christus."* Im Abschlussgottesdienst in Wembley am 22. Mai 1954 hörten 120.000 Menschen, darunter der Erzbischof von Canterbury, der Oberbürgermeister von London und mehrere Parlamentarier Grahams Rede: „Wählt an diesem Tag, wem ihr dienen wollt." Etwa 2.000 Personen stapften durch den Schlamm, um auf die Einladung einzugehen. Geoffrey Fischer, der Erzbischof von Canterbury, sprach den Segen und die Menschen sangen „Gott allein sei die Ehre." Als er die Bühne verlies, sagte der Erzbischof zu Grady Wilson, einem engen Freund und Mitarbeiter Billy Grahams: *„Vielleicht bekommen wir so etwas diesseits des Himmels nie wieder zu sehen."* Grady war so bewegt, dass er alle Etikette vergaß und Dr. Fischer umarmte. „Das ist wahr, Bruder Erzbischof!", stimmte er begeistert zu.

England befand sich an der Schwelle einer Erweckung und Graham sagte später, er habe immer bedauert, dass er nicht länger geblieben sei.

Als er 1966 zu einer Evangelisation im *Earls Court*
nach London zurückkehrte, saßen an einem Abend 52
anglikanische Priester auf der Bühne, die sich alle
zwölf Jahre zuvor im *Harringay*-Stadion bekehrt hatten.

Billy Graham hat inzwischen zu mehr als 200 Millionen Menschen über Jesus Christus gepredigt. Er
war der Freund und Vertraute von neun amerikanischen Präsidenten. Im Dezember 1996 hatte die Hälfte
der Weltbevölkerung – 2,5 Milliarden Menschen – die
Gelegenheit, ihn im Fernsehen oder Radio zu sehen
oder zu hören.

Aber Billy Graham mag keine Statistiken. Er sagt:
*„Wie kann man eine versöhnte Familie, einen ver-
wandelten Alkoholiker oder eine neue selbstlose Ein-
stellung in kalte Statistiken fassen?"* Er fügte hinzu:
*„Sie machen sich keine Vorstellung davon, wie satt ich
den Namen Billy Graham habe und wie wunderbar
und begeisternd der Name Christi in meinen Ohren
klingt."*

Ein amerikanischer Gouverneur sagte: *„Er ist ein
brillanter Kopf voller Tatkraft, Eifer und Hingabe, der
andere inspiriert, ihr Bestes zu geben. Er bewegt sich
im Gleichschritt unter den Geringen und mit würdiger
Haltung unter den Mächtigen."* Wie Evan Roberts und
viele andere vor ihm ist Billy Graham ein durch den
Geist Gottes gesalbter Mann.[80]

Wir haben die Vollmacht, die Gemeinschaft des Volkes Gottes wiederaufzubauen
(Verse 4-9)

*„Dann bauen sie die uralten Trümmerstätten wieder
auf und richten die Ruinen ihrer Vorfahren wieder her.
Die verödeten Städte erbauen sie neu, die Ruinen ver-*

*gangener Generationen. Fremde stehen bereit und
führen eure Herden auf die Weide, Ausländer sind
eure Bauern und Winzer. Ihr alle aber werdet ‚Priester
des Herrn' genannt, man sagt zu euch ‚Diener unseres
Gottes'. Was die Völker besitzen, werdet ihr genießen,
mit ihrem Reichtum könnt ihr euch brüsten.*

*Doppelte Schande mussten sie ertragen, sie wurden
angespuckt und verhöhnt; darum erhalten sie doppelten Besitz in ihrem Land, ewige Freude wird ihnen zu-
teil.*

*Denn ich, der Herr, liebe das Recht, ich hasse Ver-
brechen und Raub. Ich bin treu und gebe ihnen den
Lohn, ich schließe mit ihnen einen ewigen Bund. Ihre
Nachkommen werden bei allen Nationen bekannt sein
und ihre Kinder in allen Völkern. Jeder, der sie sieht,
wird erkennen: Das sind die Nachkommen, die der
Herr gesegnet hat."*

Das Werk des Heiligen Geistes ist wie eine Ketten-
reaktion. Die Kreise des Segens scheinen sich unaufhörlich auszudehnen. Zuerst wird der Prophet bevollmächtigt. Durch ihn werden gebrochene Menschen
wiederhergestellt. Sie wiederum sind mit ihrer neu
verliehenen Kraft in der Lage, ihr Land wiederaufzubauen. Das inspiriert selbst die umgebenden Nationen,
mit dem Handeln Gottes zusammenzuarbeiten. Die
Juden werden als Priester und Diener (Vers 6) betrachtet werden, was eine Vorausdeutung auf das allgemeine Priestertum der Gläubigen im Neuen Testament ist (1. Petrus 2,9). Das Volk Israel würde durch
seine früheren Plünderer bereichert werden. Christen
können heute aus unerwarteten Quellen materielle
und finanzielle Unterstützung erhalten (Vers 6).

Dem Gründer der Heilsarmee, William Booth, wurden von der bekannten Agnostikerin Marquise von
Queensbury, einmal 100 Pfund angeboten. Ein christlicher Freund riet Booth, *„nicht das schmutzige Geld*

einer Ungläubigen anzunehmen." General Booth erwiderte: „*Das Einzige, was ich an der Sache bedaure, ist,
dass es nicht 1.000 Pfund waren, und wenn das Geld
schmutzig ist, werden wir es in den Tränen der Witwen und Waisen waschen.*" Ein ähnlicher Vorfall er-
eignete sich an Bord eines Schiffs, auf dem einige
Wetten stattgefunden hatten. „*Ein alter Spieler hatte
27 Pfund und 10 Schilling gewonnen. Der General
sagte zu dem Mann: ‚Den besten Nutzen erzielen Sie
mit diesem Geld, wenn Sie es mir für die Heilsarmee
übergeben.' ‚Nun', erwiderte der Mann, ziemlich ver-
blüfft über den Vorschlag, ‚dagegen habe ich eigentlich
nichts!' und legte General Booth das Geld in die
Hände.*"[81]

Gott verspricht, dass das Volk Israel an Stelle ihrer
Schande einen doppelten Anteil des Segens Gottes erhalten werden (Vers 7). Dies steht im Kontrast zur
doppelten Strafe, die sie für ihre Sünden empfingen,
das große Elend ihrer Gefangenschaft. Gott wird an
seinen Bund mit seinem Volk denken (Verse 8-9). Das
Volk des Herrn wird völlig verwandelt werden. Es
wird verschieden, einzigartig, ganz anders als andere
Menschen sein. Und jeder wird wissen, dass der Grund
dafür die Tatsache ist, dass Gott sie gesegnet hat.

Leider kann Uneinigkeit diese Wahrnehmung oft
unterwandern. Einheit in der Gemeinde ist Teil des
Wiederaufbaus der Gemeinschaft des Gottesvolks.
Wenn die Gemeinde eins ist, wird „*jeder, der sie sieht,
… erkennen: Das sind die Nachkommen, die der Herr
gesegnet hat*" (Vers 9). Jesus betete für alle, die an ihn
glauben würden, „*Alle sollen eins sein … damit die
Welt glaubt*" (Johannes 17,20-21). Einheit war ein Er-
kennungsmerkmal der Urgemeinde (siehe zum Beispiel Apostelgeschichte 1-4) und ist ein wichtiger
Faktor vor und in einer Erweckung.

Bei der Erweckung in New York 1858 kamen Christen verschiedener Denominationen regelmäßig zusammen, um Gottes Segen für die Gemeinde und ihr Land zu erbitten. Dieses gemeinsame Handeln erstaunte die Ungläubigen und veranlasste den Autor Samuel Price, einen Augenzeugen der Erweckung, zu schreiben: „*Christen beider Geschlechter, aller Altersgruppen, verschiedener Denominationen kamen auf einer gemeinsamen Grundlage der Bruderschaft in Christus zusammen.*" Und er fügte hinzu: „*Die große Wahrheit, die diese Erweckung bekräftigt, ist die grundlegende Lehre der christlichen Einheit, des Einsseins der Gemeinde, einer echten Gemeinschaft, einer Einigkeit aller ihrer Mitglieder in Christus, dem Haupt.*"[82]

Paulus schreibt über die „Einheit des Geistes" (Epheser 4,3). Nur der Heilige Geist kann echte Einheit in der Gemeinde hervorbringen. Raniero Cantalamessa schrieb über seine Erfahrung der Erfüllung mit dem Heiligen Geist. Er empfing eine Vision des Kreuzes Christi und war in diesem Augenblick überzeugt, dass diese Erweckung direkt in das Herz des Evangeliums zielt, welches das Kreuz Jesu Christi ist. Über die Auswirkungen, die diese Erfahrung auf sein Leben hatte, schrieb er: „*Die Schrift wurde lebendig.*" Er sah die Bibel in einem neuen Licht, als „*das leidenschaftliche Reden eines Vaters zu seinen Kindern.*" Außerdem hatte er ein neues Verlangen nach Gebet, nach „*inniger Kommunikation*".

Seither hat Raniero Cantalamessa einen bemerkenswerten Dienst getan, nicht nur als Prediger, sondern auch als Botschafter der Versöhnung und Einheit. Ich erinnere mich, wie ich ihn 1991 bei einer Konferenz hörte, als er über die Einheit des Geistes sprach, die der institutionellen Einheit vorausgeht. Er verwies auf Apostelgeschichte 10, wo Petrus den Heiligen Geist auf die Heiden herabkommen sah und sagte: sie

haben *„ebenso wie wir den Heiligen Geist empfangen"*
(Vers 47). Später folgerte Petrus: *„Wenn nun Gott
ihnen, nachdem sie zum Glauben an Jesus Christus,
den Herrn, gekommen sind, die gleiche Gabe verliehen
hat wie uns: wer bin ich, dass ich Gott hindern
könnte?"* (Apostelgeschichte 11,17) Raniero Cantalamessa kommentierte: *„Mit unseren eigenen Augen
haben wir dasselbe Wunder auf weltweiter Ebene gesehen. Was uns eint, ist unendlich viel größer als das,
was uns trennt."* Er zitierte Tertullian: *„Die Heiden
sagen über die Christen: ‚Seht, wie sie einander lieben'"* und er zitierte den Heiligen Johannes vom
Kreuz: *„‚Wenn es an Liebe mangelt, dann säe Liebe
und du wirst bald Liebe ernten.'"* *„Wenn Christen
streiten"*, sagte Cantalamessa, *„sagen sie damit zu
Gott: ‚Entscheide zwischen uns und ihnen.' Aber der
Vater liebt alle seine Kinder. Wir sollten sagen: ‚Wir
akzeptieren alle als unsere Geschwister, die du als
deine Kinder annimmst.'"*

Einheit sollte allerdings nicht auf Kosten der Wahrheit gesucht werden. Recht und Unrecht sind für Gott
wesentlich. Gott sagt: *„Denn ich, der Herr, liebe das
Recht, ich hasse Verbrechen und Raub"* (Vers 8). Wir
haben bereits vier der fünf Merkmale des Geistes
Gottes betrachtet, die Jonathan Edwards in seiner Abhandlung über Erweckung erläutert. Das Fünfte ist
Folgendes: Wenn der Geist *„als Geist der Wahrheit
wirkt, Menschen zur Wahrheit führt, sie von den Dingen überzeugt, die wahr sind, können wir mit Gewissheit feststellen, dass es ein richtiger und wahrer Geist
ist."*[83]

Wahrheit ist in einer Person zu finden. Jesus sagte:
„Ich bin ... die Wahrheit" (Johannes 14,6). In seiner
Gegenwart werden wir eins. Cantalamessa sagte dazu:
*„Jesus Christus ist das einzige Erbe, an dem wir un-
geteilt Anteil haben."* Nur in ihm gibt es Einheit und

Wahrheit. Wenn die Menschen in der Gemeinde in Bezug auf die grundlegende Wahrheit des christlichen Glaubens eins werden, dann werden alle, die sie sehen, anerkennen, dass sie ein Volk sind, das der Herr gesegnet hat (Vers 9). Die Einheit des Volkes Gottes ist eine der untrüglichsten Früchte des Heiligen Geistes.

Wir haben die Kraft, die gesamte Gesellschaft zu prägen (Verse 10-11)

„Von Herzen will ich mich freuen über den Herrn. Meine Seele soll jubeln über meinen Gott. Denn er kleidet mich in den Mantel der Gerechtigkeit, wie ein Bräutigam sich festlich schmückt und wie eine Braut ihr Geschmeide anlegt. Denn wie die Erde die Saat wachsen lässt und der Garten die Pflanzen hervorbringt, so bringt Gott, der Herr, Gerechtigkeit hervor und Ruhm vor allen Völkern."

Am Ende des Kapitels spricht wieder der Prophet. Er ist voller Freude: Der „Mantel der Gerechtigkeit, wie ein Bräutigam sich festlich schmückt" deutet auf etwas Festliches und völlig Unverdientes hin. Das ist die Art von Gerechtigkeit, von der Paulus im Neuen Testament spricht. *„Die Gerechtigkeit Gottes [kommt] aus dem Glauben an Jesus Christus, offenbart für alle, die glauben. Denn es gibt keinen Unterschied: Alle haben gesündigt und die Herrlichkeit Gottes verloren. Ohne es verdient zu haben, werden sie gerecht, dank seiner Gnade, durch die Erlösung in Christus Jesus"* (Römer 3,22-24). Jesajas Bild einer Hochzeit zeigt einen Bräutigam und eine Braut, die sich beide für ihren großen Tag so schön schmücken wie nur irgend möglich.

Dann geht Jesaja vom Bild einer Hochzeit weiter

zum Bild eines Gartens: *„Denn wie die Erde die Saat wachsen lässt und der Garten die Pflanzen hervorbringt, so bringt Gott, der Herr, Gerechtigkeit hervor und Ruhm vor allen Völkern"* (Vers 11). Was mit dem Volk Gottes geschieht, wird sich auf alle Völker auswirken. Tatsächlich besteht das Werk der erweckten Gemeinde darin, die Völker zu Gott zu bringen, damit auch sie ihn preisen.

George Whitefield (1714-1770) war der herausragende Prediger der großen Erweckung im 18. Jahrhundert. Er schrieb in sein Tagebuch, wie er *„mit dem Heiligen Geist erfüllt wurde. Oh, wenn nur alle, die die Verheißung des Vaters leugnen, sie selbst auf diese Weise empfangen würden! Oh, wenn nur alle Teilhaber meiner Freude wären!"*[84]

Er beschreibt auch, wie er einmal anfing, ein kurzes Gebet zu sprechen, bevor er der Gemeinde predigte, doch zu seinem Erstaunen nicht aufhören konnte. Bitten, Lobreden, Verzückung flossen von seinen Lippen: *„Eine wunderbare Kraft war in diesem Raum"* ... Whitefields Gebet ging in Schreien unter, die, dessen war er sicher, noch aus großer Entfernung zu hören waren ... *„Tausende schrien, sodass meine Stimme fast darin unterging."* Whitefield zweifelte diesmal nicht, dass der Geist Gottes in Feuer, Liebe und Kraft gegenwärtig war. Männer und Frauen fielen wie tot um, kamen wieder zu sich und sanken erneut zu Boden, während Whitefield weiter predigte, hineinversetzt in die Betrachtung der „alles-ergreifenden, bedingungslosen und immer währenden Liebe" Christi, bis er selbst – nach dem letzten Aufruf, zum Kreuz zu kommen und die Gnade Gottes anzunehmen – in eine Ohnmacht sank. Einige Augenblicke lang dachten die Tennent-Brüder, er sei tot. Dann kam er wieder zu sich, stieg mit ihrer Hilfe auf sein Pferd, und gemeinsam legten die drei Männer auf dem Heimweg nicht weniger als zwanzig Meilen im Mondlicht durch den Wald zurück und sangen unentwegt.[85]

Wie wir gesehen haben, sagen selbst säkulare Historiker übereinstimmend, dass es die Erweckung zur Zeit von Whitefield und Wesley war, die England vermutlich vor einer Erfahrung wie der französischen Revolution bewahrte.

Charles Finney beschrieb seine Erfahrung des Heiligen Geistes im Jahre 1821:

„Der Heilige Geist kam in einer Weise auf mich herab, die durch meinen Körper und meine Seele hindurchzugehen schien. Ich konnte es spüren, wie eine Welle der Elektrizität, die mich ganz durchströmte. Tatsächlich schien sie wie in Wellen flüssiger Liebe zu kommen, denn anders könnte ich es nicht ausdrücken. Es schien wie der Atem Gottes selbst. Ich kann mich klar erinnern, dass es war, als würden riesige Flügel mir Luft zufächern.

Keine Worte können die wunderbare Liebe ausdrücken, die in mein Herz ausgegossen war. Ich weinte laut vor Freude und Liebe. Ich brüllte das unaussprechliche Überströmen meines Herzens buchstäblich hinaus. Diese Wellen kamen immer und immer und immer wieder über mich, und ich kann mich erinnern, wie ich schließlich ausrief: „Ich werde sterben, wenn diese Wellen weiter über mich kommen." Ich sagte: „Herr, mehr kann ich nicht ertragen", und doch hatte ich keine Angst vor dem Tod.

Spät abends kam ein Mitglied meines Chors – ich war der Chorleiter – in das Büro, um mich zu sprechen. Er war Mitglied der Gemeinde. Er fand mich in diesem Zustand lauten Weinens und sagte zu mir: „Mr. Finney, was ist mit Ihnen?" Einige Zeit konnte ich nicht antworten. Dann sagte er: „Haben Sie Schmerzen?"

Ich nahm mich zusammen, so gut ich nur konnte,

und erwiderte: „Nein, aber solches Glück, dass ich nicht leben kann."

Er drehte sich um und verließ das Büro und kehrte wenige Minuten später mit einem der Ältesten der Gemeinde zurück, dessen Laden unserem Büro fast gegenüberlag. Dieser Älteste war ein sehr ernsthafter Mann, der in meiner Gegenwart sehr achtsam gewesen war. Ich hatte ihn kaum je lachen gesehen. Als er hereinkam, befand ich mich noch ganz in demselben Zustand wie zuvor, als der junge Mann hinausgegangen war, um ihn zu holen. Er fragte, wie ich mich fühlte, und ich begann es ihm zu sagen. Statt irgendetwas zu erwidern, brach er in ein Lachen aus, das einem Anfall glich. Es schien, als wäre es ihm unmöglich aufzuhören, aus tiefstem Herzen zu lachen."[86]

Finney bildete weiter die Speerspitze einer Erweckung in Amerika, die – so behauptete sein Biograf – „buchstäblich den Lauf der Geschichte änderte." Mehr als eine Million Menschen bekehrten sich durch seinen Dienst, und das in einer Zeit, als es noch keine Verstärker und keine Massenmedien gab. Billy Graham schrieb: *„Durch seinen geisterfüllten Dienst kamen im 19. Jahrhundert ungezählte Tausende zu Christus, und die Folge war eine der größten Erweckungsperioden in der Geschichte Amerikas."*[87]

In Gegenden, in denen er predigte, wurden Bars und Kneipen wegen Umsatzmangels geschlossen und die Verbrechensraten gingen zurück. Das Leben Tausender wurde durch die Botschaft des Evangeliums verändert, das ein durch den Geist Gottes gesalbter Mann verkündigte.

Wenn wir uns heute umschauen, ist es genau das, was wir dringend brauchen. Wir sehen gebrochene Menschen, eine wiederherstellungsbedürftige Gemeinde und Gesellschaft. Wir brauchen Erweckung, und dazu ist es nötig, dass wir durch die Kraft des

Heiligen Geistes gesalbt werden. Nur wenn sein Volk mit dem „Geist des Herrn" erfüllt ist, wird es für die Erweckung ausgerüstet sein. Die Quelle der Erweckung ist der Heilige Geist, der am Pfingsttag ausgegossen wurde. Aus diesem Grund sagte Martyn Lloyd-Jones (der 1959 zum hundertsten Jahrestag der großen Erweckung von 1859 eine Serie von 24 Predigten über Erweckung hielt): *„Jede Erweckung ... ist eigentlich eine Wiederholung dessen, was am Pfingsttag geschah."*[88]

Der amerikanische Evangelist des 19. Jahrhunderts D. L. Moody sagte in einer seiner letzten Predigten: *„Seht, wie er [der Heilige Geist] am Pfingsttag kam! Es ist nicht fleischlich zu beten, dass er wieder kommen möge und der Ort erschüttert werden möge. Ich glaube, dass Pfingsten nur ein erstes Beispiel war."*[89]

Der Baptist des 19. Jahrhunderts C. H. Spurgeon, einer der großen Prediger seiner Zeit, pflanzte Gemeinden in vielen verschiedenen Teilen Londons. Jedes Mal, wenn er auf die Kanzel stieg, konnte man Spurgeon sagen hören: *„Ich glaube an den Heiligen Geist. Ich glaube an den Heiligen Geist. Ich glaube an den Heiligen Geist."* Und so betete er:

„Oh Gott, sende uns den Heiligen Geist! Gib uns sowohl den Odem des geistlichen Lebens als auch das Feuer unbezwingbaren Eifers. Oh, du bist unser Gott, antworte uns mit Feuer, wir bitten dich! Antworte uns mit Wind wie auch mit Feuer, und dann werden wir sehen, dass du wirklich Gott bist. Das Königreich kommt nicht und das Werk wird matt. Oh, dass du den Wind und das Feuer senden mögest! Du wirst dies tun, wenn wir alle einmütig sind, alle glauben, alle erwarten, alle im Gebet vorbereitet sind.

Herr, bringe uns zu diesem Zustand des Harrens! Gott, sende uns eine Zeit herrlicher Unordnung. Oh, zu einem Brausen des Windes, das die Meere in Bewegung setzt, und lasse unsere stählernen Geschwister, die nun so still vor Anker liegen, vom Bug zum Heck rollen! Oh, dass das Feuer wieder falle – ein Feuer, das auch die ganz Stumpfen erfasst! Oh, dass ein solches Feuer zuerst auf die Jünger herabkommen und dann auf alle ringsumher fallen möge! Oh Gott, du bist bereit, mit uns heute ebenso zu arbeiten, wie du es damals getan hast. Halte nicht zurück, wir flehen dich an, sondern wirke sogleich.

Reiße jede Barriere nieder, die das Eintreffen deiner Macht behindert! Gib uns jetzt lodernde Herzen und feurige Zungen, um dein versöhnendes Wort zu predigen, um Jesu willen! Amen!"[90]

10
Wie sollten wir
für Erweckung beten?

Jesaja 62,1-7

Ich bin nur ein einziges Mal bei den Wimbledon-Tennismeisterschaften gewesen und habe einem aufsteigenden Siebzehnjährigen namens Björn Borg zugeschaut. Drei Jahre später gewann er das Herreneinzelturnier. Danach gewann er in Wimbledon einundvierzig Einzelspiele in Folge und errang die meisten Herreneinzelsiege seit 1922, als die Tennis-Wettkampfregeln geändert wurden – fünf davon hintereinander von 1976 bis 1980. 1983 gab er seinen Rücktritt als Profispieler bekannt, doch vor einigen Jahren versuchte er ein Come-back. Er gewann kaum ein Spiel. Obwohl er erst Ende Dreißig war, hatten seine Fähigkeiten als Tennisspieler stark nachgelassen.

Der Anblick eines absteigenden Sportlers oder vielleicht eines rückläufigen Unternehmens verblasst an Bedeutung gegenüber der Tragödie einer verfallenden Gesellschaft. Das beste Beispiel in der Geschichte ist wohl der Fall des römischen Reiches, doch auch unsere Gesellschaft befindet sich im Niedergang, in dessen Verlauf Scheidungen, Gewaltverbrechen, sexueller Missbrauch von Kindern, Aids, Drogenmissbrauch, Verschuldung und Alkoholismus zunehmen.

Jesaja 62 wurde vor einem ähnlichen Hintergrund geschrieben. Der Prophet ist tief betroffen über den Zustand Jerusalems. Er sagt: *„Um Zions willen kann ich nicht schweigen, um Jerusalems willen nicht still sein"* (Jesaja 62,1a).

Das Wort „Zion" wird im Alten Testament 152-mal als Bezeichnung für Jerusalem verwendet (davon 46-mal in Jesaja). Der Name ist eine poetische und prophetische Bezeichnung mit emotionalen und religiösen Assoziationen. Jerusalem war sowohl Königsstadt als auch die Stadt des Tempels, und der Berg Zion war der Ort, an dem Jahwe, der Gott Israels, symbolisch wohnte (siehe Jesaja 8,18; Psalm 74,2). Der Prophet sagt, dass er angesichts des Zustands Zions „nicht schweigen", sondern beten wird. Um Jerusalems willen wird er „nicht still sein". Das hier verwendete Verb bedeutet „ruhig, inaktiv sein". Er verpflichtet sich selbst zu unaufhörlichem Gebet und Handeln für Erweckung.

Im Herbst 1857 befand sich New York inmitten einer Entwicklung, die als nationale Katastrophe betrachtet wurde – ein finanzieller Crash, der viele Bürger ruinierte. Am 1. Juli nahm Jeremiah Lanphier, ein Geschäftsmann in mittleren Jahren, einen Ruf als Missionar im Stadtzentrum an. Die Gemeinden litten an Mitgliederschwund, weil viele aus der Stadt wegzogen. Lanphier beschloss, mit einer Gebetsversammlung zur Mittagszeit zu beginnen. In der ersten Woche betete er eine halbe Stunde allein, bis fünf weitere sich ihm anschlossen. Eine Woche später kamen zwanzig. Innerhalb von sechs Monaten versammelten sich 10.000 Menschen täglich zum Gebet und eine Erweckung hatte in Nordamerika begonnen. Samuel Prime kommentiert: *„Die Gebetsorte multiplizierten sich, weil Menschen zum Gebet bewegt wurden. Sie wünschten zu beten. Sie fühlten* *sich von irgendeiner unsichtbaren Macht gedrängt, zu beten.*"[91]

John Kilpatrick ist Pastor der Gemeinde *Brownsville Assembly of God* in Pensacola, Florida. Die *New York Times* beschrieb das Geschehen dort als „die größte und längste pfingstliche Erweckung in Amerika seit fast einem Jahrhundert." In der Einleitung zu seinem Buch *When the Heavens Are Brass – Keys to Genuine Revival* (Wenn die Himmel verschlossen sind – Schlüssel zu einer echten Erweckung) schreibt John Kilpatrick:

„Großunternehmer in teuren Anzügen knien hemmungslos weinend da, während sie verborgene Sünden bekennen. Drogenabhängige und Prostituierte fallen neben ihnen auf den Boden und liegen ausgestreckt vor Gott, während sie Jesus zum ersten Mal in ihrem Leben als Herrn bekennen. Reservierte ältere Damen und gestresste junge Mütter tanzen unbeschämt voller Freude vor dem Herrn. Ihnen wurde vergeben.

Woche für Woche und Gottesdienst für Gottesdienst sehe ich, wie diese Szenen sich wiederholen. Jedes Mal wird mir bewusst, dass sie in einem sehr realen Sinn die Frucht einer siebenjährigen Reise des Gebets und einer zweieinhalbjährigen Zeit flehentlicher gemeinsamer Fürbitte der Gemeindefamilie der Brownsville Assembly of God in Pensacola, Florida sind.

Die Seelen, die reumütig zu Christus kommen und ihre Sünden bekennen, die wiederhergestellten Ehen, die vielen von langjährigen Bindungen befreiten Menschen – sie alle sind Zeichen der Erweckung und Siegespreise der Herrlichkeit Gottes ... Wie? Nur Gott weiß es. Warum? Erstens, weil es Gottes eigenes Wohlgefallen ist, und zweitens, weil der Acker unserer Herzens vorbereitet wurde, lange bevor die Erweckung so plötzlich auf uns kam."[92]

Im Juni 1995 hielt der Gastevangelist Steve Hill

eine Predigt, „die keinen Funken zu entfachen schien." Doch *„dann machte er einen Aufruf und plötzlich suchte Gott unsere Gemeinde auf eine Weise heim, wie wir es nie zuvor erlebt hatten. Tausend Personen kamen nach seiner Botschaft zum Gebet nach vorn. Das war fast die halbe Gemeinde! Damals wussten wir es nicht, doch unser Leben stand im Begriff, sich in einer Weise zu ändern, wie wir es uns nie hätten vorstellen können."*[93]

John Kilpatrick fährt fort: *„Erweckung wird nicht kommen, bis Gottes Volk bereit ist, sich durch die Disziplin flehentlichen Gebets verändern und vorbereiten zu lassen."*[94]

Wofür sollten wir beten?
(Verse 1-5)

„Um Zions willen kann ich nicht schweigen, um Jerusalems willen nicht still sein, bis das Recht in ihm aufstrahlt wie ein helles Licht und sein Heil aufleuchtet wie eine brennende Fackel. Dann sehen die Völker deine Gerechtigkeit und alle Könige deine strahlende Pracht. Man ruft dich mit einem neuen Namen, den der Mund des Herrn für dich bestimmt. Du wirst zu einer prächtigen Krone in der Hand des Herrn, zu einem königlichen Diadem in der Rechten deines Gottes. Nicht länger nennt man dich die ‚Die Verlassene' und dein Land nicht mehr ‚Das Ödland', sondern man nennt dich ‚Meine Wonne' und dein Land ‚Die Vermählte': Denn der Herr hat an dir seine Freude, und dein Land wird mit ihm vermählt. Wie der junge Mann sich mit der Jungfrau vermählt, so vermählt sich mit dir dein Erbauer. Wie der Bräutigam sich freut über die Braut, so freut sich dein Gott über dich."

Erstens betet der Prophet um eine neue Gerechtigkeit. Er sehnt sich danach, dass die Gerechtigkeit der Stadt ausstrahlt „wie ein helles Licht" (Vers 1b). Gerechtigkeit setzt voraus, dass Menschen in rechter Beziehung zu Gott und zu einander leben. Er betet um die Art von Gerechtigkeit, von der wir in Kapitel 7 sprachen, als wir Jesaja 58 betrachteten.

Kürzlich erhielt ich einen Brief von jemandem, der ein von mir geschriebenes evangelistisches Büchlein überreicht bekommen hatte. Er sagte: „*Auf der ersten Seite schreiben Sie über die Wichtigkeit von Beziehungen und ich zitiere: ,Beim Christsein geht es vor allem anderen um Beziehungen, nicht um Vorschrif-*

ten. Es geht um eine Person, nicht um eine Philosophie', und ich dachte mir, wenn das der Fall ist, warum gibt die christliche Kirche dann im Bereich der Beziehungen eine ebenso schlechte Figur ab wie alle anderen Gruppierungen? Die Kirche ist gespalten und in eine Fülle von Gruppen und Sekten zersplittert, und allzu oft besteht beträchtliche Feindseligkeit zwischen diesen Gruppierungen ... Ein nettes kleines Buch; schade, dass ich seine Botschaft nie in der Realität verwirklicht gesehen habe."

Bedauerlicherweise ist an seiner Darstellung etwas dran. Durch die Jahrhunderte war die Kirche nie so, wie sie hätte sein sollen. Wir müssen für eine Umwandlung in der christlichen Kirche beten, damit unsere Gerechtigkeit „aufstrahlt wie ein helles Licht" – damit die Menschen eine christliche Gemeinschaft sehen, die in Liebe vereint ist. Wahre Gerechtigkeit wirkt ungeheuer anziehend. Von Zeit zu Zeit habe ich gehört, wie Menschen, die anfangen, in eine christliche Gemeinde zu kommen, Bemerkungen über die aufrichtige Liebe und praktische Hilfe machen, die sie erfahren, aber wir müssen beten, dass dies immer mehr zunimmt und dass Gott die Barrieren weiter niederreißt.

Zweitens betet er um eine neue Freiheit – „*sein Heil ... wie eine brennende Fackel*" (Vers 2b). Er betet, dass die Tatsache, dass Gott sein Volk gerettet hat, aus der Stadt ausstrahlt. Das Wort für „Heil" bedeutet „Freiheit", Befreiung aus Gefangenschaft. Diese Freiheit wurde uns durch Jesus Christus errungen (siehe Kapitel 4; Jesaja 52,10-53,12). Wenn Menschen durch Jesus Christus aus der Gefangenschaft der Sünde befreit werden, leuchten sie „*als Lichter in der Welt*" (Philipper 2,15) oder, wie Jesaja es hier ausdrückt, „*wie eine brennende Fackel*". Das wird die Aufmerksamkeit der Welt wecken, wenn „*die Völker deine Ge-*

rechtigkeit und alle Könige deine strahlende Pracht" sehen (Vers 2a).

Drittens betet er, dass Gottes Volk eine neue Identität erhält: *„Man ruft dich mit einem neuen Namen, den der Mund des Herrn für dich bestimmt"* (Vers 2b). Im Nahen Osten bedeutete die Benennung mit einem neuen Namen damals eine radikale Veränderung im Hinblick auf Status und Situation (wie z.B. als Jakob den Namen „Israel" erhielt). Das Volk wird nicht mehr als „Verlassene" gelten, sondern als „Hephzibah", was „in dir ist meine Freude" bedeutet. Es wird nicht mehr als „Ödland" gelten, sondern als „Beulah" (was „vermählt" bedeutet; Vers 4). Die heutige Gemeinde mit ihren schwindenden Zahlen kann oft das Bild eines verlassenen und öden Ortes bieten, der für das moderne Leben irrelevant ist. Unser Gebet sollte sein, dass sie in einen Ort verwandelt wird, an dem Gott wirklich seine Freude hat. Der Prophet sagt voraus, dass das Volk Gottes *„zu einer prächtigen Krone in der Hand des Herrn, zu einem königlichen Diadem in der Rechten ... Gottes"* wird (Vers 3), dass er sie bewahren und aufrechterhalten wird und dass sie königliche Bedeutung und Würde besitzen werden. Das Volk des Herrn wird ein Zeichen sein, dass er König ist.

Viertens betet er um eine neue Liebe. Er sehnt sich danach, Jerusalem als eine Braut zu sehen, mit Gott als Bräutigam. Vers 5a beschreibt eine Hochzeit: *„Wie der junge Mann sich mit der Jungfrau vermählt, so vermählt sich mit dir dein Erbauer."* Es ist ein Bild Gottes, der mit seinem Volk einen Ehebund eingeht. Die zweite Hälfte des Verses beschreibt dann sozusagen die Flitterwochen: *„Wie der Bräutigam sich freut über die Braut, so freut sich dein Gott über dich"* (Vers 5b). Solcher Art wird die Beziehung zwischen Gott und seinem Volk sein: eine Beziehung der Liebe, die aufrichtig erfahren wird. Es ist ein Bild der Hingabe,

Liebe und Freude. Das ist es, wofür wir heute in der Gemeinde beten sollten.

All das wird geschehen, wenn Gott zu seinem Volk kommt. Später betet der Prophet: *„Reiß doch den Himmel auf, und komm herab, sodass die Berge zittern vor dir. Komm wie ein Feuer, das Reisig entzündet, wie ein Feuer, das Wasser zum Sieden bringt. Mach deinen Feinden deinen Namen bekannt, sodass die Völker zittern vor dir"* (Jesaja 63,19-64,1).

Die Unsichtbarkeit Gottes war für sein Volk immer ein Problem. Die Heiden verspotteten sie, weil sie ihren Gott nicht sehen konnten, während sie Statuen besaßen, die man sehen und berühren konnte. Sie höhnten und sagten: „Wo ist denn nun euer Gott?" (siehe zum Beispiel Psalm 42,4.11). Der Psalmist fragt: *„Warum sollen die Völker sagen: ,Wo ist denn ihr Gott?'"* (Psalm 115,2). Also flehte das Volk Gott an, zu kommen und sich zu zeigen.

Die moderne Gesellschaft stellt ähnliche Fragen. Am Tag nach dem tragischen Schulmassaker im schottischen Dunblane 1996 lautete die Schlagzeile in *The People* zum Beispiel: *„Wo war Gott am Mittwoch, den 13. März um 9.30 Uhr?"*

Gott hat dieses „Problem" seiner Unsichtbarkeit in unvergleichlicher Weise beantwortet, indem er sich selbst in der Person seines Sohnes offenbarte. Johannes sagt im Prolog seines Evangeliums: *„Niemand hat Gott je gesehen. Der Einzige, der Gott ist und am Herzen des Vaters ruht, er hat Kunde gebracht"* (Johannes 1,18). Aber Gott ist auch durch seinen Geist herabgekommen. In seinem ersten Brief leitet Johannes das Thema wieder mit den Worten ein: *„Niemand hat Gott je geschaut"* (1. Johannes 4,12). Aber diesmal endet er ein wenig anders: *„Wenn wir einander lieben, bleibt Gott in uns, und seine Liebe ist in uns vollendet. Daran erkennen wir, dass wir in ihm bleiben*

„Abgesehen von einer Erweckung, Herr, wäre da noch, ehm, bitte, Willis Schnarchen!!!"

und er in uns bleibt: Er hat uns von seinem Geist gegeben" (1. Johannes 4,12-13).

Das Gebet, das Jesaja zu Beginn des 64. Kapitels sprach – Gott möge „den Himmel aufreißen und herabkommen" –, ist eines, das die Gemeinde immer noch beten sollte. Der Prediger Dr. Martyn Lloyd-Jones schreibt in seinem Buch über Erweckung: *„Ich zögere nicht zu bekräftigen, dass dies das höchste Gebet in Verbindung mit einer Erweckung ist."* Er schildert eine von George Whitefields Erfahrungen, während er in Cheltenham predigte. Während der Predigt heißt es plötzlich: *„Gott, der Herr kam herab unter uns."* *„Was bedeutet dies?"*, fragt Lloyd-Jones. Er antwortet: *„Es ist ein Bewusstsein der Gegenwart Gottes, des Heiligen Geistes, buchstäblich inmitten des Volkes ... Gott ist herabgekommen in ihre Mitte und hat den Ort und das Volk mit einem Empfinden seiner herrlichen Gegenwart erfüllt."*[95]

Über die irische Erweckung 1859 sagte Tom Shaw: *„Sie begann, als Gott an den Herzen einer kleinen*

Gruppe von Menschen wirkte, was zu einer Gebets-
bürde führte, die nie nachließ, bis Gott die Himmel
zerriss und Berge von Sünde und Bösem in seiner Ge-
genwart zerflossen."[96]

Es gibt keinen besseren Weg, für all dies zu beten,
als sich an die Verse zu halten, die Jesus uns gelehrt
hat:

Unser Vater im Himmel,
dein Name werde geheiligt,
dein Reich komme,
dein Wille geschehe
wie im Himmel, so auf der Erde (Matthäus 6,9-10).

Wer sollte für Erweckung beten
(Vers 6a)?

Auf deine Mauern, Jerusalem, stellte ich Wächter.

Wächter erfüllten in biblischen Zeiten zwei verschiedene Funktionen. Erstens hielten sie Ausschau
nach wilden Tieren und Dieben, die kamen, um Vieh
zu rauben. Zweitens wurden sie innerhalb der Vertei-
digungsmauern größerer Städte eingesetzt, um vor
feindlichen Angriffen zu warnen. „Wächter" war ein
Begriff, der auf Propheten und Fürbitter übertragen
wurde (Jesaja 21,8-12). Der Herr sagte zu Ezechiel:
„Menschensohn, ich gebe dich dem Haus Israel als
Wächter. Wenn du ein Wort aus meinem Mund hörst,
musst du sie vor mir warnen" (Ezechiel 3,17). Jesus
ermahnte seine Jünger: „Seid also wachsam" (Matthäus 24,42; 25,13) und: „Wacht und betet" (Matthäus
26,41).

Genauso wie alle Christen aufgerufen sind, Christus
zu bezeugen, während einige eine besondere Berufung
als „Evangelisten" haben, so sind wir alle aufgerufen,
das Wort des Herrn zu hören und für Menschen zu

beten, während einige eine besondere Berufung als „Fürbitter" erhalten werden. Die Aufgabe des Wächters besteht darin, unsere augenblickliche Situation in einer Weise zu sehen und zu verstehen, die auf mögliche Angriffe und Probleme achtet, wahrnimmt, was Gott tun will, und diese Stränge im Gebet zusammenbringt.

Christen sollen nicht nur individuell, sondern auch gemeinsam beten, dass der Heilige Geist die Gemeinde neu belebt. Eine der bekanntesten Verheißungen des Alten Testaments ist die Verheißung Gottes an Salomo: *„Wenn mein Volk, über das mein Name ausgerufen ist, sich demütigt und betet, mich sucht und von seinen schlechten Wegen umkehrt, dann höre ich es im Himmel. Ich verzeihe seine Sünde und bringe seinem Land Heilung"* (2. Chronik 7,14). „Heilung des Landes" ist eine Definition für Erweckung, wie sie kaum besser sein könnte. Wenn wir das Neue Testament aufschlagen, sehen wir wieder, dass Gott dann handelt, wenn sein Volk sich im Gebet vereint. Es geschah, als „alle einmütig im Gebet verharrten" (Apostelgeschichte 1,14), dass „alle mit dem Heiligen Geist erfüllt wurden" (Apostelgeschichte 2,4). Die ersten Christen wurden ein „von Gott durchtränktes" Volk und die Erweckung begann.

C. H. Spurgeon schrieb:

„Der Heilige Geist wird manchmal als Wind, als Leben spendender Atem dargestellt. Er weht in die Täler, die von Erschlagenen erfüllt sind, und sie werden zum Leben erweckt. Du und ich empfinden oft, obwohl wir lebendig gemacht wurden, dass das Leben abflaut und fast erstirbt. Der Geist Gottes kann uns zum Leben bringen, in uns den Funken göttlichen Lebens wieder entfachen und Gottes Leben in unseren Herzen stärken. Bete um diesen belebenden Atem, und Gott wird ihn dir geben. So gewiss, wie du aufrichtig

betest, wirst du die Erweckung des Lebens im Innern haben und spüren. "[97]

Die Erweckung, die 1859 nach England kam, und zwar besonders durch die Predigten von C. H. Spurgeon, lässt sich auf die Gebete seiner Londoner Gemeinde sechs Jahre zuvor zurückführen. Spurgeon selbst kommentiert:

„Als ich in die New Park Street Chapel kam, bestand sie nur aus einer Hand voll Leute, denen ich zu Anfang predigte, doch ich konnte nie vergessen, wie ernsthaft sie beteten. Manchmal schienen sie zu flehen, als könnten sie den Engel des Bundes wirklich unter ihnen gegenwärtig sehen, und als müssten sie einen Segen von ihm bekommen. Mehr als nur einmal waren wir so voller Ehrfurcht durch den feierlichen Ernst der Versammlung, dass wir eine Weile schweigend da saßen, während die Macht des Herrn uns zu überschatten schien; und alles, was ich bei solchen Gelegenheiten tun konnte, war, den Segen zu sprechen und zu sagen: „Liebe Freunde, heute Abend haben wir den Geist Gottes ganz spürbar unter uns gehabt; gehen wir nach Hause und achten wir darauf, seinen gnädigen Einfluss nicht zu verlieren." Dann kam der Segen herab; das Haus wurde von Hörern erfüllt und viele Seelen wurden gerettet. "[98]

Im letzten Kapitel haben wir die bemerkenswerten Ereignisse beim Besuch von Billy Graham in England 1954 betrachtet. In seiner Autobiografie bestätigt Graham, dass Gebet der Schlüssel war. Unmittelbar vor der Evangelisation hatten 800 Männer und Frauen die ganze Nacht auf den Knien verbracht und gemeinsam für den Einsatz gebetet. Gebetsgruppen in aller Welt konzentrierten ihre Gebete während dieser Versammlungen auf London, darunter allein 35.000 Gruppen in Indien.

Während der Evangelisation setzten Billy Graham

und die Organisatoren von Zeit zu Zeit Gebetsversammlungen an verschiedenen Orten in London an, die die ganze Nacht dauerten. Paul Rees, der bei der Organisation half, zählte in einem Bericht für eine amerikanische Zeitschrift sechs Faktoren auf, die seiner Meinung nach zur historischen Schlagkraft der Londoner Evangelisation beitrugen. An erster Stelle in seiner Aufzählung stand „die Kraft des Gebets".[99]

Die Antwort auf die Frage: „Wer sollte für Erweckung beten?" lautet, dass Gott zwar bestimmte Menschen berufen und ausrüsten mag, im Gebet besonders begabte „Wächter" oder „Fürbitter" zu sein, dass wir aber alle eine Verantwortung tragen, sowohl individuell als auch gemeinsam zu beten.

Wie sollten wir für Erweckung beten (Verse 6b-7)?

„Weder bei Tag noch bei Nacht dürfen sie schweigen. Ihr, die ihr den Herrn erinnern sollt, gönnt euch keine Ruhe! Lasst auch ihm keine Ruhe, bis er Jerusalem wieder aufbaut, bis er es auf der ganzen Erde berühmt macht."

Erstens sollen wir beständig beten. Wir sollen anders sein als die Wächter Israels in der Vergangenheit: „träumend liegen sie da und haben gern ihre Ruhe" (Jesaja 56,10). Stattdessen sollen wir „ohne Unterlass beten", wie das Neue Testament uns auffordert (1. Thessalonicher 5,17). Paulus schrieb an die Christen in Rom: „Unablässig denke ich an euch in allen meinen Gebeten" (Römer 1,9-10).

Die Quelle des Gebetsstroms, der heute in der südkoreanischen Gemeinde fließt, entspringt im hingegebenen Gebet der Missionare und südkoreanischen Gemeindeleiter um die Jahrhundertwende. Die Er-

weckung in Pjongjang 1907 begann bei einer Mas-
senversammlung, bei der Tausende von einer Welle
des Geistes erfasst wurden, die durch die gesamte
koreanische Kirche rollte. Ein Augenzeuge beschrieb
dies so:

„Nach einer kurzen Predigt übernahm Dr. [Graham]
Lee die Versammlung und rief zu Gebeten auf. So viele
begannen zu beten, dass Dr. Lee sagte: „Wenn ihr so
beten wollt, dann betet alle" und die gesamte Menge
begann laut zu beten, alle gleichzeitig. Der Eindruck
war unbeschreiblich. Keine Verwirrung, sondern eine
weite Harmonie von Seele und Geist, ein Miteinander
von Seelen, die von einem unwiderstehlichen Drang zu
beten bewegt wurden. Für mich hörte es sich an wie
das Rauschen vieler Wasserfälle, wie ein Ozean des
Gebets, der gegen Gottes Thron prallte ...

Während das Gebet anhielt, kam ein Geist der
Schwere und der Trauer auf die Menge. An einer Seite
begann jemand zu weinen und im nächsten Augen-
blick weinte die ganze Versammlung ...

Einer nach dem anderen stand auf, bekannte seine
Sünden, brach in Tränen und aus und warf sich dann
auf den Boden und schlug in tiefstem Schmerz der
Überführung mit den Fäusten auf die Erde... Nach
einem Bekenntnis begann manchmal die ganze Menge,
laut zu beten, und die Wirkung ... war etwas Unbe-
schreibliches ... Und so setzte sich die Versammlung
mit Bekenntnis und Weinen und Gebet fort bis zwei
Uhr nachts."[100]

Dr. Jahil Choi, die Schwiegermutter von David
Yonggi Cho, verbrachte lange Zeiten des Gebets auf
einem Berg und lebte dort drei Jahre lang in einem
Zelt. Seit im Juli 1974 ein eigenes Gebäude bezogen
wurde, fanden täglich Gebetstreffen statt und zogen
Scharen von Menschen an. Mit den Jahren ist der Ge-
betsberg zu einem Ort geworden, den Tausende von

Menschen täglich aufsuchen, um zu fasten und zu beten. Ein modernes Auditorium mit 10.000 Plätzen wurde hinzugefügt, das inzwischen zu klein ist, um den Zustrom von Menschen zu fassen. Die Besucherzahlen schwanken, aber normalerweise sind es mindestens 3.000 Menschen, die täglich beten, fasten und den Herrn preisen. In dieser Atmosphäre des konzentrierten Gebets geschehen regelmäßig Wunder und Heilungen.[101]

David Yonggi Cho schreibt: *„Ich bin davon überzeugt, dass Erweckung überall dort möglich ist, wo sich Menschen dem Gebet hingeben ... Es ist eine historische Wahrheit, dass das Gebet der Schlüssel zu jeder Erweckung in der Geschichte der Christenheit war."*[102]

Zweitens sollte unser Gebet diszipliniert sein. Diejenigen, die den Herrn anrufen, werden ermahnt: *„Gönnt euch keine Ruhe"* (Jesaja 62,6); sie sollen regelmäßig beten, tagein, tagaus. Das ist nicht immer leicht.

John Arnott, der leitende Pastor der *Airport Vineyard Gemeinde* in Toronto, die zum Zentrum eines be-

„Entschuldige Gott, du musst dieser Sache inzwischen müde sein, aber..."

merkenswerten Wirkens des Heiligen Geistes wurde,
schrieb über seine Schwierigkeiten, ein diszipliniertes
Gebetsleben aufrechtzuerhalten:

*„Mein eigener Kampf in dieser Sache ist verzweifelt
und hart. Es gibt Zeiten, da erlebe ich wunderbare Augenblicke mit meinem himmlischen Vater im „Gebets-
kämmerlein". Dann bete ich im Verborgenen zu ihm
und werde reich belohnt. In solchen Zeiten spürt man,
dass wirklich alles zum Besten dienen muss. Man
fragt sich, wie man nur so dumm sein kann, nicht
immer so viele Stunden in der Gemeinschaft mit Gott
zuzubringen. Doch dann senken sich die Sorgen des
Lebens auf einmal mit solch einer Wucht auf einen,
dass man von diesem neuentdeckten „Pfad des Gebets"
abkommt und der Kampf um dessen Wiederent-
deckung neu beginnt."*

Drittens sollen wir nicht nur uns selbst keine Ruhe
gönnen, sondern „auch ihm keine Ruhe" lassen (Vers
7). Wir sind aufgefordert, leidenschaftlich und ener-
gisch zu sein. Jesus erzählte seinen Jüngern ein
Gleichnis, damit „sie allzeit beten und darin nicht
nachlassen sollten" (Lukas 18,1). Obwohl der Richter
in diesem Gleichnis „Gott nicht fürchtete und auf keinen Menschen Rücksicht nahm" (Vers 2), verschaffte
er einer hartnäckigen Witwe Recht, weil sie nicht auf-
hörte zu bitten, bis er befürchtete, sie würde ihn nicht
in Frieden lassen: *„Ich will dieser Witwe zu ihrem
Recht verhelfen, denn sie lässt mich nicht in Ruhe"*
(Vers 5). Jesus kommentierte: *„Sollte Gott seinen Auserwählten, die Tag und Nacht zu ihm schreien, nicht
zu ihrem Recht verhelfen, sondern zögern? Ich sage
euch: Er wird ihnen unverzüglich ihr Recht verschaffen"* (Verse 7-8).

Die hartnäckige Witwe ist ein gutes Vorbild für uns,
wenn wir für Erweckung beten, weil sie uns heraus-
fordert, ehrlich über unseren gegenwärtigen Zustand

„Nun komm schon, Herr, komm schon, bitte, bitte, BITTE"

zu sein und Gott flehentlich um Veränderung zu bitten. *„Nur wenn wir unseren wahren Zustand erkennen und zugeben, werden wir uns nach Erweckung sehnen. Um Erweckung zu beten, genügt nicht: wir müssen sie ersehnen, uns innig danach sehnen."*[104]

Der Erweckungshistoriker R. E. Davies schrieb: *„Der konstanteste aller Faktoren, die bei Erweckungen zu Tage treten, ist der des dringlichen, unablässigen Gebets. Diese Tatsache wird von allen Autoren zu diesem Thema bestätigt."*[105]

Viertens sollte unser Gebet beharrlich sein. Die Wächter sollen beten, *„bis er Jerusalem wieder aufbaut, bis er es auf der ganzen Erde berühmt macht"* (Vers 7). Sie sollen beten, bis die ganze Erde den Herrn preist. Duncan Campbell schreibt über die Erweckung auf den Hebriden 1949:

„Ich glaube, dieses gnädige Wirken des Heiligen Geistes ... begann mit einer Gebetslast; daran besteht

in der Tat kein Zweifel. Es begann in einer kleinen Gruppe, die wirklich eine Bürde hatte. Sie traten in einen Bund mit Gott, „ihm keine Ruhe zu lassen, bis er Jerusalem zum Lobpreis auf der Erde" machen würde."

Sie warteten. Die Monate vergingen und nichts geschah, bis ein junger Mann seine Bibel nahm und aus Psalm 24 las: *„Wer darf stehn an seiner heiligen Stätte? Der reine Hände hat und ein lauteres Herz ... Er wird Segen empfangen vom Herrn."* Der junge Mann schloss die Bibel und als er die anderen sah, die vor Gott auf ihren Knien lagen, rief er: *„Brüder, es ist Humbug, Abend für Abend, Monat für Monat so zu warten, wenn wir selbst nicht mit Gott im Reinen sind. Ich muss mich selbst fragen: ‚Ist mein Herz rein? Sind meine Hände rein?'"*

Er bat Gott zu offenbaren, ob seine Hände rein waren und ob sein Herz lauter war. Während sie auf Gott warteten, flutete seine Ehrfurcht gebietende Gegenwart die Scheune. Diese Männer lernten verstehen, dass Erweckung immer mit Heiligkeit zu tun hat. Drei Männer lagen auf dem Stroh, nachdem sie unter der Kraft Gottes zusammengebrochen waren. Sie wussten, dass Gott sie besucht hatte, und es wurde eine Kraft freigesetzt, die die Pfarrei vom Zentrum bis in die ganze Umgebung erschütterte.

In einem Haus nicht weit von der Scheune entfernt hatten zwei Schwestern, die eine zweiundachtzig und vor Arthritis ganz gekrümmt, die andere vierundachtzig und blind, eine Vision Gottes. Sie sahen die Kirchen berstend voll, besonders mit jungen Menschen. Sie hatten eine „herrliche Gewissheit, dass Gott in der Kraft der Erweckung kommen würde".

Ihr Pastor schickte nach Duncan Campbell und bat ihn, zu einer zehntägigen Evangelisation zu kommen, aber er war bis zum folgenden Winter ausgebucht. Der

Pastor las den beiden alten Damen Campbells Antwort vor. Sie sagten: *„Das ist, was der Mensch gesagt hat, aber Gott hat etwas anderes gesagt. Herr Campbell wird in zwei Wochen hier sein."* Seine Tagung wurde abgesagt und er kam auf der Insel an und ging in die Pfarrkirche. Die Versammlung begann um 9 Uhr morgens und dauerte bis 4 Uhr nachts. Über 600 Menschen drängten sich im Innern der Kirche, während weitere von draußen zuhörten. Niemand konnte erklären, woher sie alle gekommen waren. Gestandene Männer zitterten in der Gegenwart Gottes, und so mancher fiel der Länge nach auf den Boden. Innerhalb von zehn Minuten war Campbells Stimme nicht mehr zu hören, weil so viele weinten und Gott um Gnade anflehten. Statt Gesang ertönte ein Schrei der Buße: *„Gott, sei mir Sünder gnädig."* Als die Menschen die Heiligkeit Gottes erlebten, gaben sie sich hin, ihn zu suchen. Die Bewegung breitete sich in die benachbarten Pfarreien aus. Es herrschte dort ein solches Bewusstsein Gottes, dass ein Geschäftsmann, der die Insel aufsuchte, erklärte: *„Als ich auf der Insel ankam, wurde mir plötzlich Gott bewusst. Gott begegnete mir und rettete mich."*

Die Herausforderung, vor der die Kirche heute steht, besteht darin, zu Gott zu beten, dass er *„den Himmel aufreißt und herabkommt"* (Jesaja 63,19), dass er uns ein „Bewusstsein der Gegenwart Gottes, des Heiligen Geistes, buchstäblich inmitten des Volkes" gibt. Wir brauchen eine neue Gerechtigkeit, eine neue Freiheit, eine neue Identität und eine neue Liebe. Nur zu leicht geben wir die Fürbitte auf und werden nachlässig, wenn wir keine Ergebnisse sehen, aber wir müssen den Herrn auf eindringliche Weise anrufen, „bis er Jerusalem wieder aufbaut und es zum Lobpreis auf der Erde macht". Individuelles und gemeinschaftliches Gebet sind ein wesentlicher Teil der Vorbereitung für

Erweckung, die wiederum zu vermehrtem individuellem und gemeinschaftlichem Gebet führt. Wie Billy Graham einmal sagte, sind die drei Schlüssel zur Erweckung Gebet, Gebet und Gebet.

„In Anbetracht der von Billy Graham genannten Alternativen entscheiden wir uns für Gebet als Nummer 1."

11
Wo wird sie enden?

Jesaja 65

Hier im Westen halten viele die Weltgeschichte für ziellos. Sie teilen die Ansicht von William Shakespeares Macbeth:

„Leben ist nur ein wandelnd Schattenbild;
Ein armer Komödiant, der spreizt und knirscht
Sein Stündchen auf der Bühn' und dann nicht mehr
Vernommen wird; ein Märchen ists erzählt
Von einem Dummkopf, voller Klang und Wut,
Das nichts bedeutet." [106]

Der Marxismus ist sich der Bedeutung der Geschichte gewiss. Der Klassenkampf treibt die Menschheit voran, bis die Produktionsmittel unter die Kontrolle des Proletariats fallen, und auf diese Weise ein Reich der Gerechtigkeit, des Friedens und der Vollkommenheit errichtet werden wird. Den Zusammenbruch dieser Hoffnung haben wir in den letzten Jahren erlebt.

Viele östliche Religionen betrachten die Geschichte als Kreis. Reinkarnation, die einen endlosen Zyklus von Geburt und Wiedergeburt bedeutet, ist fundamentaler Bestandteil des Buddhismus, der Religion der Sikhs und des Hinduismus. In jedem Leben tragen wir die Folgen unserer Taten in einem früheren Leben. Die Anhänger dieser Religionen verwenden viel Energie auf den Versuch, ihr Leben für den nächsten Zyklus zu verbessern.

Aus biblischer Sicht ist Geschichte „seine Geschichte". Sie bewegt sich auf einen Höhepunkt zu. Der Kampf tobt nicht zwischen den Klassen, sondern zwischen Gut und Böse. Er wird im endgültigen Triumph des Guten und Gottes gipfeln. Um noch einmal Bischof Lesslie Newbigin zu zitieren: *„Die Bibel gibt eine einzigartige Deutung der universalen Geschichte – der gesamten Geschichte aller Dinge von der Schöpfung bis zum Ende der Welt. Deshalb nennt sie uns die Bedeutung unserer eigenen Geschichte."*

Bisher haben wir in Jesaja unter anderem von der Größe Gottes, von der Reichweite seines Plans, von der Liebe Gottes, von seinem einzigartigen Plan der Erlösung und von seiner Einladung an alle Menschen gehört. Diese Einladung verlangt eine Reaktion. Was wir in der gesamten Bibel immer wieder hören, ist eine Aufforderung zur Entscheidung und kein Universalismus, der annimmt, alle würden am Ende auf das Evangelium antworten. In diesem Kapitel sehen wir vier Unterschiede zwischen denen, die sich für Gott entscheiden, und denen, die sich gegen ihn entscheiden. Wir werden jeden einzeln betrachten.

Menschen, die darauf eingehen, und solche, die das nicht tun (Verse 1-7)

„Ich wäre zu erreichen gewesen für die, die nicht nach mir fragten, ich wäre zu finden gewesen für die, die nicht nach mir suchten. Ich sagte zu einem Volk, das meinen Namen nicht anrief: Hier bin ich, hier bin ich. Den ganzen Tag streckte ich meine Hände aus nach einem abtrünnigen Volk, das einen Weg ging, der nicht

gut war, nach seinen eigenen Plänen, nach einem Volk, das in seinem Trotz mich ständig ärgert. Sie bringen Schlachtopfer dar in Gärten und Rauchopfer auf Ziegeln; sie sitzen in Grabkammern und verbringen die Nächte in Höhlen; sie essen das Fleisch von Schweinen und haben Brühe von verdorbenem Fleisch in ihren Töpfen; sie sagen: Bleib, wo du bist, komm mir nicht nahe, sonst bist du geweiht. Diese Menschen sind wie Rauch in meiner Nase, wie ein immer brennendes Feuer. Seht her, alles ist aufgeschrieben bei mir, und ich werde nicht schweigen, sondern zahle ihnen heim, wie sie es verdienen; ich zahle ihnen den Lohn aus für ihre Schuld und die Schuld ihrer Väter, spricht der Herr. Weil sie auf den Bergen Weihrauch verbrannten und mich auf den Hügeln verhöhnten, messe ich ihnen ihren Lohn zu und zahle ihnen heim, wie sie es verdienen."

Gott sehnt sich nach einer Antwort. Im ursprünglichen Kontext war dieser Text wahrscheinlich ein Appell an die Treuen wie auch an die Untreuen in der jüdischen Gemeinschaft. Der Apostel Paulus sieht darin jedoch einen weit umfassenderen Bezug. Er versteht Vers 2 als Hinweis auf die jüdische Nation (siehe Römer 10,21) und Vers 1 als Hinweis auf die Heiden (siehe Römer 10,20). Gott versucht alle Menschen zu erreichen. Wie ein Vater ein Kind herbeiwinkt, so streckt er seine Hände nach uns aus und sagt: „Hier bin ich, hier bin ich." Genauso lud auch Jesus alle ein: „Kommt zu mir" (siehe Matthäus 11,28). Dennoch sagte er auch, dass er eines Tages zu manchen sagen würde: *„Ich kenne euch nicht. Weg von mir"* (Matthäus 7,23). Das wird der Urteilsspruch über diejenigen sein, die nur mit Worten, aber nicht mit Taten reagieren, über jeden, der „einen Weg ging, der nicht gut war, nach seinen eigenen Plänen". Das „Allgemeine Sündenbekenntnis" im *Book of Common Prayer* drückt dies so aus: *„Wir sind zu sehr den Gedanken und Wünschen unseres eigenen Herzens gefolgt."*

Nach dieser Eröffnung mit einer allgemeinen Anklage kommt der Prophet auf die spezifischen Anklagepunkte zu sprechen. Erstens ließen sie sich auf verbotene Praktiken ein. Sie „bringen Schlachtopfer dar in Gärten und Rauchopfer auf Ziegeln". Dies bezieht sich auf die falschen Kulte, vermutlich einschließlich kanaanitischer Fruchtbarkeitsriten und sexueller Unmoral. Oft denken Menschen, es sei gleichgültig, was man glaubt, solange man es aufrichtig meint. Aber hier lernen wir, dass die Anbetung eines Götzen Gott ein Gräuel ist.

Zweitens beteiligten sich die Menschen an okkulten Praktiken (Vers 4a). („Okkult" bedeutet „geheim", „verborgen".) Das ist es, was der Prophet meinte, wenn er sagt: *„Sie sitzen in Grabkammern und verbringen die Nächte in Höhlen".* In den Grabkammern zu sitzen bedeutet, die Toten zu befragen. Das wird in der Bibel ausdrücklich verboten (siehe 3. Mose 19,31; 5. Mose 18,10-12), und jeder Versuch, mit den Toten Kontakt durch Seancen aufzunehmen, kommt für Christen nicht in Frage.

Drittens waren sie dem Wort Gottes ungehorsam. Sie brachen ihre eigenen Reinheitsgebote für Speisen (Vers 4b), die in 3. Mose 11 und 5. Mose 14 dargelegt werden. Diese alten Gesetze dienten der Absicht, die Heiligkeit und Aussonderung des Volkes Gottes zu wahren, indem sie erklärten, welche Speisen „rein" waren und welche nicht. Die Israeliten sollten in jedem Bereich ihres Lebens heilig sein, weil Gott heilig ist. Hier spotteten sie den Gesetzen Gottes bewusst, indem sie sich „unrein" machten.

Viertens waren sie schuldig wegen ihres geistlichen Stolzes und Hochmuts. Diese Haltung, zu sagen: „Bleib, wo du bist, komm mir nicht nahe, sonst bist du geweiht" (Vers 5), gleicht dem Verhalten des Pharisäers, der sagte: *„Gott, ich danke dir, dass ich nicht wie die anderen Menschen bin, die Räuber, Betrüger, Ehebrecher oder auch wie dieser Zöllner dort"* (Lukas 18,11). Eine solche Haltung wird verurteilt (siehe Matthäus 23,13-36). Gott sagt: *„Diese Menschen sind wie Rauch in meiner Nase, wie ein immer brennendes Feuer."* Dies ist vermutlich ein Wortspiel mit dem hebräischen Wort für „Nase", das auch Zorn bedeutet. Eine solche Haltung der Selbstüberhebung erzürnt Gott.

Es ist nicht so, dass alle Religionen zu demselben Gott führen. Gott sagt über solche falschen religiösen Praktiken: *„Seht her, alles ist aufgeschrieben bei mir, und ich werde nicht schweigen, sondern zahle ihnen heim, wie sie es verdienen; ich zahle ihnen den Lohn aus für ihre Schuld und die Schuld ihrer Väter."* Das Gericht kommt über diejenigen, die sich weigern, den einen wahren Gott anzubeten.

Die Einladung ergeht jedoch an alle. Gott sehnt sich danach, dass jeder von uns auf ihn antwortet. Doch der Prophet erkennt, dass nicht alle dies tun werden und dass Gottes Gericht auf alle kommen wird, die nicht antworten.

Diejenigen, die Gott suchen, und diejenigen, die den Herrn verlassen (Verse 8-12)

„So spricht der Herr: Sobald sich Saft in der Traube findet, sagt man: Verdirb sie nicht, denn es ist Segen darin. Ebenso will ich um meiner Knechte willen handeln, um nicht alle vernichten zu müssen. Ich lasse aus Jakob Nachkommen hervorgehen und aus Juda einen Erben für meine Berge. Meine Auserwählten sollen das Land besitzen, und meine Knechte sollen dort

*wohnen. Für mein Volk, das nach mir fragt, wird dann
Scharon zur Schafweide und das Achortal zum Lagerplatz der Rinder.*

*Euch aber, die ihr den Herrn verlassen, meinen hei-
ligen Berg vergessen, dem Glücksgott den Tisch ge-
deckt und dem Gott des Schicksals den Weinkrug ge-
füllt habt, überantworte ich dem Schwert: Ihr müsst
euch alle ducken und werdet geschlachtet. Denn ihr
gabt keine Antwort, als ich euch rief, als ich zu euch
redete, hörtet ihr nicht, sondern ihr habt getan, was
mir missfällt, und habt euch für das entschieden, was
ich nicht will.«*

Wenn ein Winzer einen Weinstock ausreißen will,
kann es geschehen, dass er plötzlich noch Trauben
daran entdeckt und beschließt, ihn nicht zu zerstören.
So sagt der Herr, dass es einen Überrest gibt – „meine
Knechte" –, die er nicht vernichten wird. Und damit
nicht genug wird er sie so sehr segnen, dass die Wüste
Scharon, eine Ebene im westlichen Teil Israels und ein
Bild der Verwüstung und des Niedergangs, zu einer
„Schafweide" werden wird. Das Achortal im Osten,
auch als „Tal der Not" bekannt, war der Ort, an dem
Achan zu Tode gesteinigt wurde (siehe Josua 7,24-26),
und galt als Symbol für das Gute, das verdorben wird.
Es wird zu einem „Lagerplatz der Rinder" werden.
Selbst in diesem Tal wird Frieden herrschen. Dies ist
ein Bild des Segens Gottes für den Überrest derer, die
Gott suchen.

Die Trennlinie verlief weniger zwischen Gut und
Böse, sondern zwischen denen, die Gott suchten, und
denen, die ihn verließen (Vers 11). Die „Abtrünnigen"
vergaßen Gott und suchten nach anderem. Insbesondere suchten sie zwei andere Götter: erstens den
„Glücksgott", eine syrische Gottheit, die von den Ka-
naanitern angebetet wurde, und zweitens vermutlich
eine der Astralgottheiten des Schicksals. Daraus folgt

nicht, dass Wettspiele in jeglicher Form grundsätzlich böse wären, aber die Gefahren sind eindeutig groß.

Timothy O'Brian spielte immer im Lotto. Er hatte die Gewohnheit, für sich und einen Wettkameraden Spielscheine im Wert von fünf Wochen im Voraus zu kaufen und sie mit derselben Zahlenserie auszufüllen: 14, 17, 22, 24, 42 und 47.

„Am vergangenen Samstag schaute Herr O'Brian sich nicht die Ziehung der Lottozahlen im Fernsehen an. So verpasste er die übliche Vorstellung der vorigen Sieger, welche Sektkorken knallen ließen und das Lächeln derer lächelten, deren Leben unwiderruflich verwandelt wurde. Und er verpasste die Tatsache, dass aus der Tombola die Zahlen 14, 17, 22, 24, 42 und 47 gezogen wurden. Erst am nächsten Morgen, als er seine Sonntagszeitung las, fand er heraus, dass er auf der Schwelle zum Reichtum stand. Das heißt, bis er seine Spielscheine überprüfte und feststellte, dass sie eine Woche zuvor ausgelaufen waren und ihn und seinen Wettgenossen somit um ihren Anteil an den 8 Millionen Pfund im Jackpot brachten. Unfähig, seinem Freund mit der Nachricht unter die Augen zu treten, dass seine bürokratische Inkompetenz ihn eines verwandelten Lebens beraubt hatte, ... ging Herr O'-Brian auf den Speicher hinauf, lud die 22er-Pistole, die er im örtlichen Schießklub immer benutzte, und schoss sich selbst in den Kopf."[107]

In demselben Artikel, der diese Geschichte enthielt, werden folgende Worte eines Zeitschriftenhändlers zitiert: *„Die Leute sind wie besessen [vom Lottospielen]. Für einige meiner Kunden scheint es das Einzige zu sein, wofür sie leben. Sie geben jede Woche ihre letzten Pfennige dafür aus."* *„Gamblers Anonymous berichten, dass immer mehr Frauen Hilfe suchen, weil sie spielsüchtig geworden sind."*[108] Wie die Jagd nach Geld zur Anbetung des Gottes „Mammon" führen kann, so besteht bei Wettspielen die Gefahr, dass sie zur Anbetung des Gottes „Glück" führen.

Der zweite Gott, den die abtrünnigen Israeliten suchten, war der Gott „Schicksal" (Vers 11). Die moderne Entsprechung wären vielleicht diejenigen, die Astrologie praktizieren oder meinen, ihr Schicksal würde durch die Sterne bestimmt. Es ist eine Form des Heidentums, die in England heute weit verbreitet ist.

Susan Leybourne, eine „Weiße Hexe", wurde zum ersten heidnischen Universitätskaplan des Landes ernannt. Sie hält Vorträge und gibt Studenten der *Leeds University* Anweisungen in Bezug auf Magie, Rituale und Anbetung. Susan Leybourne sagt: *„Wenn junge Menschen zur Universität kommen, ist dies wahrscheinlich die erste Gelegenheit, die sie haben, ein aktives Interesse am Okkulten zu entwickeln ... Als Hexe und Kaplan bin ich hier, um sie zu beraten."* Studenten der *Leeds Occult Society* baten die Hexe, ihr Kaplan zu werden. Als heidnische Priesterin wird sie gebeten, Feste wie *Hallowe'en* oder der Wintersonnenwende zu leiten und die Anbetung des gehörnten Gottes *Cernunnos* zu lehren.

Die Anbetung anderer Götter ist dem Herrn ein Gräuel. Er sagt: *„Euch überantworte ich dem Schwert: Ihr müsst euch alle ducken und werdet geschlachtet. Denn ihr gabt keine Antwort, als ich euch rief, als ich zu euch redete, hörtet ihr nicht, sondern ihr habt getan, was mir missfällt, und habt euch für das entschieden, was ich nicht will."* Das ist eine ernste Warnung an diejenigen, die den Herrn verlassen.

Diejenigen, die Gott dienen,
und diejenigen, die dies nicht tun
(Verse 13-16)

„Darum – so spricht Gott, der Herr: Meine Knechte sollen essen, doch ihr leidet Hunger. Meine Knechte sollen trinken, doch ihr leidet Durst. Meine Knechte sollen sich freuen, doch ihr müsst euch schämen. Meine Knechte sollen aus Herzenslust jubeln, doch ihr werdet schreien vor Herzeleid und heulen vor Verzweiflung. Ihr müsst euren Namen dazu hergeben, dass meine Auserwählten ihn beim Eid als Fluchwort gebrauchen und sagen: Genauso töte dich Gott, der Herr. Meinen Knechten aber wird man einen anderen Namen geben. Wer sich segnet im Land, wird sich Segen wünschen von Gott, dem Getreuen, und wer schwört im Land, wird schwören bei Gott, dem Getreuen."

Taten haben Konsequenzen. Das Schicksal der oben gegenübergestellten zwei Gruppen wird hier zusammengebracht. Diejenigen, die anderen Göttern dienen, werden hungern und dürsten – ein Bild der fehlenden Erfüllung. Sie werden „sich schämen" – ein Bild der Enttäuschung. Sie werden vor Herzeleid schreien und vor Verzweiflung heulen. Schließlich wird Gott, der Herr, sie töten (Vers 15).

Seine Knechte dagegen werden essen und trinken. Alle ihre Bedürfnisse werden erfüllt werden. Sie werden „aus Herzenslust jubeln" (Vers 14). Darin drückt sich totale emotionale Erfüllung aus, die nur in einer Beziehung mit Gott durch Jesus Christus zu finden ist.

Malcolm Muggeridge schrieb:

„Ich nehme an, ich könnte mich als relativ erfolgreichen Mann betrachten oder als solcher gelten. Gelegentlich starren die Leute auf der Straße mich an – das ist Ruhm. Ich kann ziemlich leicht genug verdie-

nen, um mich für die höheren Kategorien des Finanzamts zu qualifizieren – das ist Erfolg. Ausgestattet mit Geld und ein wenig Ruhm können selbst die Älteren, wenn ihnen daran gelegen ist, an trendiger Unterhaltung teilhaben – das ist Vergnügen. Gelegentlich kann es vorkommen, dass ich etwas gesagt oder geschrieben habe, das genügend Beachtung fand, um mir selbst weiszumachen, dass es einen ernsthaften Einfluss auf unsere Zeit darstellte – das ist Erfüllung. Dennoch sage ich Ihnen, und ich bitte Sie, mir zu glauben, dass diese winzigen Triumphe, millionenfach multipliziert, alle zusammengenommen nichts sind – weniger als nichts, eigentlich ein Hindernis – gemessen an einem Schluck dieses lebendigen Wassers, das Christus den geistlich Dürstenden unabhängig davon anbietet, wer oder was sie sind. Was, so frage ich mich selbst, hat das Leben zu bieten, was gibt es im Getriebe der Zeit, in der Vergangenheit, jetzt und in der Zukunft, das überhaupt gegen die Erfrischung durch das Trinken dieses Wassers in die Waagschale geworfen werden könnte?"[109]

Diejenigen, die dem Herrn nicht dienen, haben einen entsprechend schrecklichen Durst.

Diese Verse sind denen sehr ähnlich, in denen Jesus von einer Trennung zwischen Menschen spricht, die Gott dienen, und solchen, die das nicht tun, wie von einem Hirten, der seine Schafe und Böcke trennt (siehe Matthäus 25,31-46). Wieder gibt es kein Mittelfeld, keine Mischform, keine Kategorie derer, die unsicher, unentschlossen oder unwissend sind. Das Schicksal der Böcke (derjenigen, die Gott nicht dienen) ist erschreckend: sie werden von Gott abgeschnitten (Vers 41) und vernichtet. Die Schafe dagegen (diejenigen, die Gott dienen) werden eingeladen, die Gegenwart des Königs zu genießen (Vers 34) und ein Erbe in Empfang zu nehmen, das vor Beginn der

Welt vorbereitet wurde. Das Neue Testament verdeutlicht, dass die Basis dieses Gerichts in der Art besteht,
wie wir auf Jesus geantwortet haben (siehe zum Beispiel Johannes 3,36), und dass das Zeichen unseres
Glaubens unsere Liebe – insbesondere zu anderen
Christen (siehe 1. Johannes 2,9-10), aber auch zu unseren Feinden (siehe Matthäus 5,43-47) ist. Wir verdienen die Hölle und können uns nicht selbst retten,
aber Jesus starb für uns, um uns zu befähigen, seine
Diener zu sein, und um den Himmel Wirklichkeit werden zu lassen.

Jesaja sieht voraus, dass die Knechte des Herrn
einen neuen Namen empfangen werden (Vers 15). Im
nächsten Vers findet sich ein Schlüssel dafür, was für
ein Name das sein wird. Ihr Segen kommt von „Gott,
dem Getreuen". Im wörtlichen Sinn bedeutet dies
„Gott, der Amen", ein hebräischer Ausdruck für ab-
solute Zuverlässigkeit und Gewissheit. Der Apostel
Paulus schreibt: *„Er ist das Ja zu allem was Gott
verheißen hat. Darum rufen wir durch ihn zu Gottes
Lobpreis auch das Amen"* (2. Korinther 1,20). Johannes zeigt in der Offenbarung noch deutlicher, dass
„Amen" ein Titel für niemand anderen als Jesus Christus ist. Er ist der, „der ‚Amen' heißt, der treue und zu-
verlässige Zeuge, der Anfang der Schöpfung Gottes"
(Offenbarung 3,14).

Wie wir gesehen haben, sollten die Knechte ursprünglich Israel sein. Letztlich erfüllte nur eine Person die Absicht und den Plan Gottes. Nun öffnet sich
das Andreaskreuz wieder, und die Knechte sind die
Menschen Gottes, die den Namen dieses einen Mannes annehmen und heute als Christen bekannt sind.

Diejenigen auf dem Weg zum Himmel und diejenigen auf dem Weg zur Hölle (Vers 17-25)

„Denn schon erschaffe ich einen neuen Himmel und eine neue Erde. Man wird nicht mehr an das Frühere denken, es kommt niemand mehr in den Sinn. Nein, ihr sollt euch ohne Ende freuen und jubeln über das, was ich erschaffe. Denn ich mache aus Jerusalem Jubel und aus seinen Einwohnern Freude. Ich will über Jerusalem jubeln und mich freuen über mein Volk. Nie mehr hört man dort lautes Weinen und lautes Klagen.

Dort gibt es keinen Säugling mehr, der nur wenige Tage lebt, und keinen Greis, der nicht das volle Alter erreicht; wer als Hundertjähriger stirbt, gilt noch als jung, und wer nicht hundert Jahre alt wird, gilt als verflucht. Sie werden Häuser bauen und selbst darin wohnen, sie werden Reben pflanzen und selbst ihre Früchte genießen. Sie bauen nicht, damit ein anderer in ihrem Haus wohnt, und sie pflanzen nicht, damit ein anderer ihre Früchte genießt. In meinem Volk werden die Menschen so alt wie die Bäume. Was meine Auserwählten mit eigenen Händen erarbeitet haben, werden sie selber verbrauchen. Sie arbeiten nicht mehr vergebens, sie bringen nicht Kinder zur Welt für einen jähen Tod. Denn sie sind die Nachkommen der vom Herrn Gesegneten und ihre Sprösslinge zusammen mit ihnen. Schon ehe sie rufen, gebe ich Antwort, während sie noch reden, erhöre ich sie. Wolf und Lamm weiden zusammen, der Löwe frisst Stroh wie das Rind, doch die Schlange ernährt sich von Staub. Man tut nichts Böses mehr und begeht kein Verbrechen auf meinem ganzen heiligen Berg, spricht der Herr."

Dieses Kapitel endet mit einem Bild des neuen Himmels und der neuen Erde. Das nächste Kapitel endet mit einem Bild der Hölle. Die Zukunft derer, die gegen Gott rebellieren, wird so beschrieben: *„Der Wurm in ihnen wird nicht sterben, und das Feuer in ihnen wird niemals erlöschen; ein Ekel sind sie für alle Welt"* (Jesaja 66,24).

Für diejenigen, die die Autorität der Bibel akzeptieren, mag es gewisse Meinungsverschiedenheit über das Wesen der Hölle geben (zum Beispiel, ob damit ewige Bestrafung oder Gericht und Auslöschung gemeint ist), aber es besteht kein Zweifel an ihrer Realität. Ebenso besteht kein Zweifel an der Realität des „Himmels". In diesem Abschnitt blickt der Prophet einem „neuen Himmel und einer neuen Erde" entgegen (Vers 17). Er sieht eine Zeit voraus, in der „Wolf und Lamm zusammen weiden..." (Vers 25). Das sind, wie in Offenbarung 21,1, 2. Petrus 3,13 und Jesaja 66,22, „apokalyptische" Worte, die die Enthüllung der Zukunft vorwegnehmen, wenn das Königreich Gottes eines Tages völlig verwirklicht sein wird. Hier bekommen wir einen bildhaften Eindruck, wie der neue Himmel und die neue Erde sein werden.

Natürlich ist es nur ein Bild: Wir haben Schwierigkeiten, den neuen Himmel und die neue Erde zu beschreiben, weil uns die nötige Sprache und die Erfahrung fehlt. C. S. Lewis schrieb dazu:

„Es besteht kein Grund, sich von albernen Leuten beunruhigen zu lassen, die die christliche Hoffnung auf den „Himmel" lächerlich zu machen versuchen, indem sie sagen, sie möchten keine „Ewigkeit damit verbringen, Harfe zu spielen". Solchen Leuten ist zu erwidern, dass sie, wenn sie Bücher, die für Erwachsene geschrieben wurden, nicht verstehen können, auch nicht darüber reden sollten. Die gesamte biblische Bildersprache ... ist natürlich ein rein symbolischer Versuch, das Unbeschreibliche zu beschreiben."[110]

Zunächst wird es eine erneuerte Erde zusammen mit einem erneuerten Himmel geben. Nicht nur Menschen, die Neuschöpfungen sein werden, sondern auch die Schöpfung selbst wird wiederhergestellt werden. In der Genesis sehen wir Gottes Erschaffung des Universums und in Offenbarung 21 sehen wir seine Wiedererschaffung, wenn er sagt: *„Seht, ich mache alles neu"* (Offenbarung 21,5). Gottes Absicht und unsere Gewissheit der Hoffnung besteht darin, dass diese Erde nicht weggeworfen werden wird, sondern dass „auch die Schöpfung ... von der Sklaverei und Verlorenheit befreit werden" wird (Römer 8,21). Gottes Königreich wird in seiner ganzen Fülle kommen und sein Wille wird auf der Erde geschehen wie im Himmel.

In der Zwischenzeit sind wir in dieser gefallenen Welt in der Lage, *für* das Königreich zu bauen, wie Tom Wright es formuliert. *„Jeder von Gott geleitete und vom Geist inspirierte Akt der Liebe, Barmherzigkeit, Gerechtigkeit, kreativen Schönheit und Heilung ist ein vorausdeutendes Zeichen, dass Gott Königreich kommt."*[111]

Ein berühmter Geiger sollte in einer europäischen Konzerthalle spielen. Auf den Werbeplakaten kündigte eine übereifrige Reklameagentur an, dass der Musiker auf seiner Stradivari-Geige spielen würde, die ein Vermögen wert ist. Er trat auf die Bühne und spielte ein überragendes Konzert. Dann nahm er seine Geige, legte sie auf den Boden, und sprang darauf. Er zerschmetterte sie in tausend Stücke. Das Publikum hielt den Atem an. Dann sagte er: *„Diese Geige habe ich auf dem Weg hierher in einem Trödelladen gekauft. Nun"*, fügte er hinzu, *„werde ich auf meiner Stradivari spielen."* Mit anderen Worten wollte er sagen: „Ich kann sogar eine solche Geige benutzen und hervorragend spielen."

Wenn Gott alles, was er tut, mit einer gefallenen Welt tun kann, dann können wir uns kaum vorstellen, was er mit einem neuen Himmel und einer neuen Erde anfangen kann.

„Das, mein Herr, ist die Geige, die Sie heute Nachmittag gekauft haben."

Es wird Freude und Jubel geben (Vers 18-19a). *„Was kein Auge gesehen und kein Ohr gehört hat, was keinem Menschen in den Sinn gekommen ist: das Große, das Gott denen bereitet hat, die ihn lieben"* (1. Korinther 2,9). Der Himmel wird ein Ort unglaublicher Freude und des Lachens sein. Martin Luther sagte einmal: *„Wenn es im Himmel nicht erlaubt ist zu lachen, will ich nicht dorthin kommen."*

Außerdem wird es kein Leid mehr geben und „.... nie

mehr hört man dort lautes Weinen und lautes Klagen" (Vers 19b). Das nimmt einige der letzten Kapitel des Neuen Testaments vorweg: *„Er wird alle Tränen von ihren Augen abwischen: Der Tod wird nicht mehr sein, keine Trauer, keine Klage, keine Mühsal, denn was früher war, ist vergangen"* (Offenbarung 21,4). Es wird keinen Bedarf mehr an Krankenhäusern oder Medikamenten geben. Es wird keinen Bedarf mehr an Katastrophenhilfe geben. Denn die erschaffene Welt selbst wird geheilt werden.

Jeder wird sein volles Potenzial entfalten (Vers 20). Dies stellt eine Umkehrung des Fluchs dar, der wegen ihrer Sünde über Adam und Eva ausgesprochen wurde, und eine Aufhebung der Erklärung Gottes über die Lebenszeitverkürzung in 1. Mose 6,3. Einen vorzeitigen Tod wird es nicht mehr geben. *„Dort gibt es keinen Säugling mehr, der nur wenige Tage lebt, und keinen Greis, der nicht das volle Alter erreicht; wer als Hundertjähriger stirbt, gilt noch als jung, und wer nicht hundert Jahre alt wird, gilt als verflucht"* (Vers 20). Das Neue Testament geht mit Jesu Verheißung des ewigen Lebens sogar noch weiter. Es wird keinen Bedarf mehr an Beerdigungen, Bestattungsunternehmen oder Friedhöfen geben. Das Volk Gottes wird Unsterblichkeit empfangen (1. Korinther 15,53).

Jede Aktivität wird ein Segen sein: *„Sie werden Häuser bauen und selbst darin wohnen, sie werden Reben pflanzen und selbst ihre Früchte genießen. Sie bauen nicht, damit ein anderer in ihrem Haus wohnt, und sie pflanzen nicht, damit ein anderer ihre Früchte genießt. In meinem Volk werden die Menschen so alt wie die Bäume. Was meine Auserwählten mit eigenen Händen erarbeitet haben, werden sie selber verbrauchen. Sie arbeiten nicht mehr vergebens, sie bringen nicht Kinder zur Welt für einen jähen Tod"* (Verse 21-23a). Es wird keine vergebliche Arbeit mehr geben. Es wird kein Schuften und Abrackern mehr geben. Stattdessen wird es eine Wiederherstellung der Herrschaft über die Schöpfung geben, zu der wir erschaffen wurden (siehe 1. Mose 1,26; Offenbarung 22,5). Auch dies ist eine Umkehrung des Fluchs in 1. Mose 2.

Es wird eine Vertrautheit der Beziehung mit Gott geben: *„... denn sie sind die Nachkommen der vom Herrn Gesegneten und ihre Sprösslinge zusammen mit ihnen. Schon ehe sie rufen, gebe ich Antwort, während sie noch reden, erhöre ich sie"* (Verse 23b-24). In unserer Beziehung zu Gott wird es kein Ringen mehr geben; Gebete werden nicht mehr ohne Erhörung bleiben. Wir werden Gott und Jesus in uneingeschränkter Sicht wahrnehmen. *„Wir wissen, dass wir ihm ähnlich sein werden, wenn er offenbar wird; denn wir werden ihn sehen, wie er ist"* (1. Johannes 3,2). *„Einen Tempel sah ich nicht in der Stadt. Denn der Herr, ihr Gott, der Herrscher über die ganze Schöpfung, ist ihr Tempel, er und das Lamm. Die Stadt braucht weder Sonne, noch Mond, die ihr leuchten. Denn die Herrlichkeit Gottes erleuchtet sie, und ihre Leuchte ist das Lamm"* (Offenbarung 21,22-23).

Schließlich wird es Harmonie und Frieden geben: *„,Wolf und Lamm weiden zusammen, der Löwe frisst Stroh wie das Rind, doch die Schlange ernährt sich von Staub. Man tut nichts Böses mehr und begeht kein Verbrechen auf meinem ganzen heiligen Berg', spricht der Herr"* (Vers 25). Alle Beziehungen werden wiederhergestellt werden – bis hinunter in die Welt der Tiere. Es wird eine Einheit, eine Nähe und eine Vertrautheit in unseren Beziehungen geben. Es wird ein Ort der Stabilität, der Sicherheit, der Geborgenheit und des Friedens sein. Das Königreich Gottes wird in vollem Umfang aufgerichtet sein. Martin Luther

schrieb: *„Ich würde nicht einen Augenblick des Himmels für alle Freuden und Reichtümer der Welt hergeben, selbst wenn sie Abertausende von Jahren währ-
ten."*

Gott lädt uns durch den Propheten ein, zu ihm zu
kommen, und all das wird uns gehören ... und es beginnt jetzt. Erweckung gibt uns einen flüchtigen Blick
in die Zukunft. Ihren Höhepunkt wird sie erreichen,
wenn Jesus wiederkommt, um einen neuen Himmel
und eine neue Erde zu errichten. Das ist der Höhepunkt, auf den die Geschichte zusteuert. Keine Erweckung wird vollständig sein, bis Jesus zurückkehrt.

Erweckung schließt die ganze Dreieinigkeit ein. Unsere Zuversicht, dass Erweckung kommen wird, beruht auf dem Wesen und Charakter des „allmächtigen
Herrn", „des Heiligen", „des Schöpfers der Enden der
Erde": Gottes, des Vaters, der verheißen hat, dass sich
„offenbart ... die Herrlichkeit des Herrn, alle Sterblichen werden sie sehen" (Jesaja 40).

Die zentrale Botschaft der Erweckung ist Jesus
Christus, der leidende Gottesknecht aus Jesaja 53: sein
Leben, sein Tod und seine Auferstehung. Er wurde
verachtet und verworfen. Er wurde wegen unserer
Übertretungen durchbohrt. Die Strafe, die uns Frieden
brachte, lag auf ihm. Er trug die Sünden vieler. Gott
erweckte ihn wieder zum Leben. Er wurde auferweckt,
fuhr auf in den Himmel und wurde hoch erhöht. Er ist
der Eine, den wir verkündigen. Raniero Cantalamessa
sagt: *„Der Punkt ist Jesus Christus. Wann immer der
Heilige Geist in neuer und frischer Weise auf die Kirche kommt, wird Christus lebendig. Jesus Christus
wird in den Mittelpunkt gestellt."*

Die Quelle der Erweckung ist die dritte Person der
Dreieinigkeit: Gott, der Heilige Geist. Er ist „der Geist
Gottes, des Herrn" (Jesaja 61). Er salbte Jesus. Er salbt
sein Volk heute, „den Armen frohe Botschaft zu brin-

gen", „zu heilen, deren Herz zerbrochen ist", „den Gefangenen die Entlassung ... und den Gefesselten die Befreiung" zu verkünden.

Im Herzen der Erweckung steht die Liebe Gottes, eine Liebe, die zwischen den Personen der Dreieinigkeit fließt und hinausströmt in die Welt und insbesondere zum Volk Gottes. Gott hat Erbarmen mit seinem Volk (Jesaja 49-50). Gottes Liebe zu uns offenbart sich vor allem durch Jesus Christus und ist in unsere Herzen ausgegossen durch den Heiligen Geist (Römer 5,5). Unsere Antwort besteht darin, ihn zu lieben und unseren Nächsten zu lieben.

Die Werkzeuge der Erweckung sind seine Diener. Nach Gottes Absicht sollte Israel sein Diener sein (Jesaja 49), doch nur Jesus war in vollem Umfang treu. Nach Gottes Plan kann und soll die Gemeinde heute durch den Sieg Christi und die Kraft des Heiligen Geistes sein Diener sein. Alle gewöhnlichen Menschen haben als Glieder seiner Gemeinde das Potenzial, von Gott in der Erweckung gebraucht zu werden.

Seine Vision für die Kirche ist groß. Sie ist weltumspannend. Wir werden aufgefordert: *„Mach den Raum deines Zeltes weit, spann deine Zelttücher aus, ohne zu sparen. Mach die Stricke lang und die Pflöcke fest! Denn nach rechts und links breitest du dich aus"* (Jesaja 54). Die Vision zur Erweckung soll die Mission erfüllen, die Jesus der Gemeinde gab: *„Geht zu allen Völkern, und macht alle Menschen zu meinen Jüngern"* (Matthäus 28,19).

Indem wir hingehen, sollen wir Menschen einladen, zum Fest zu kommen (Jesaja 55). Die Durstigen, diejenigen, die „kein Geld" haben, können kommen und sich „laben an fetten Speisen". Wir alle sind eingeladen, den Herrn zu suchen, solange er zu finden ist. Wir müssen uns von bösen Wegen und unrechten Gedanken abwenden. Buße und Erweckung gehen Hand in Hand. Wir müssen uns dem Herrn zuwenden, der Gnade für uns hat und gern vergibt. Er tut dies, weil der leidende Gottesknecht „durchbohrt [wurde] wegen unserer Verbrechen". Die Einladung schließt ein, dass wir uns von Sünde abwenden, unser Vertrauen auf ihn setzen, der für uns starb, auferstand und heute lebt. Indem wir zu ihm kommen, kommen wir zu dem Fest.

Unsere Mission sollte eine ganzheitliche sein (Jesaja 59). Liebe zu Gott muss mit einer echten Liebe zu unserem Nächsten einhergehen. Dies schließt soziales Handeln und sozialen Dienst ein. Erweckung sollte eine verwandelnde Auswirkung auf die Gesellschaft haben.

Da Erweckung ein souveränes Werk Gottes ist, sind wir absolut von Gott abhängig. Wir müssen flehen: „Reiß doch den Himmel auf und komm herab" (Jesaja 62; 63). Wir müssen beten: „Dein Reich komme". Unser Beten sollte beständig, diszipliniert, flehentlich und beharrlich sein.

Dabei muss uns fortwährend bewusst bleiben, dass jeder Mensch, der in eine Beziehung zu Gott kommt, jede versöhnte Familie, jeder Hungrige, dessen Hunger gestillt wird, nur ein Vorgeschmack auf die Zukunft ist. Erweckung wird nicht vollständig sein, bis die Regierung und Herrschaft Gottes im neuen Himmel und auf der neuen Erde vollständig ist (Jesaja 65 -66). Dies wird eintreten, wenn der auferstandene Jesus zurückkehrt, um für immer und ewig über die Erde zu herrschen. Dann werden der Teufel und alle seine Werke vernichtet werden, und der Klang des Weinens wird nicht mehr gehört werden. Wolf und Lamm werden miteinander weiden. Gott wird über alles und in allen sein (1. Korinther 15,28). Der neue Exodus wird stattgefunden haben: die Gefangenschaft, das Exil, wird vorüber sein. Die Wiederherstellung wird vollendet sein. Jede Hoffnung und Verheißung der Erweckung wird erfüllt sein.

„Jetzt ist sie da, die Zeit der Gnade; jetzt ist er da, der Tag der Rettung", schreibt Paulus, indem er Jesaja 49,8 zitiert (2. Korinther 6,2). Jetzt ist die Zeit, zu Gott zu flehen: „Reiß doch den Himmel auf, und komm herab." Jetzt ist die Zeit, die gute Nachricht von Jesus in der Kraft des Heiligen Geistes zu verkünden. Jetzt ist die Zeit, Menschen zu heilen, deren Herz zerbrochen ist, Gefangene freizusetzen, die Hungrigen zu speisen und den Unterdrückten Recht zu verschaffen. Jetzt ist die Zeit, Buße zu tun, zu glauben und zum Fest zu kommen.

„Für jetzt bleiben Glaube, Hoffnung, Liebe" schrieb Paulus in 1. Korinther 13. *„Doch am größten unter ihnen ist die Liebe."* Jetzt ist die Zeit zu lieben, denn Gott ist Liebe. Erweckung entspringt aus seiner Liebe: uns offenbart in Jesus Christus, unsere Herzen erfüllend durch den Heiligen Geist, uns hinaussendend, um der Welt seine Liebe zu bringen. Das Herz der Erweckung ist Liebe.

Fragen zur Vertiefung
von David Stone

Dr. David Stone hat die folgenden Fragen entwickelt, die Ihnen helfen können, zum Kern dessen zu kommen, was Nicky Gumbel geschrieben hat, und die Sie herausfordern werden, auf Ihr eigenes Leben anzuwenden, was Sie hier gelernt haben. Die Fragen lassen sich ebenso von einzelnen Lesern überdenken wie auch in Kleingruppen erörtern.

1. Was ist Erweckung?

a) Warum ist es so wichtig zu betonen, dass zur Erweckung „mehr gehört als persönliche Erneuerung"?

b) Was ist das Besondere am Buch Jesaja?
[„... obwohl sie Jahrhunderte vor der Geburt Jesu geschrieben wurden, sind diese Abschnitte spannend, ermutigend und relevant für uns heute"]

c) Welche historischen Umstände liegen Jesaja 40 bis 66 zu Grunde? Welche Parallelen lassen sich zu unserer heutigen Situation ziehen?

d) Inwiefern lässt sich das Wort „Exil" oder „Gefangenschaft" auf Menschen in der heutigen westlichen Gesellschaft übertragen?

2. Steht eine Erweckung bevor?
(Jesaja 40)

a) Können Sie die vier Botschaften benennen, die zu Beginn des 40. Kapitels verkündet werden?

b) Zählen Sie die verschiedenen Bilder auf, die in diesen Versen benutzt werden, um Gott zu beschreiben. Wie reagieren Sie auf diese verschiedenen Bilder?
   [„Tief im Innern, ob bewusst oder unbewusst, sehnen wir uns alle danach, die Gegenwart Gottes zu erfahren."]

c) Auf welche Arten von Ersatz gründen Menschen ihr Leben, obwohl diese Dinge letztlich unbefriedigend sind? Welche sicheren Alternativen legt der Prophet nahe? Wie funktioniert das in der Praxis?

d) Woher wissen wir, wie Gott ist? Welche fünf Quellen eines solchen Wissens unterscheidet Jesaja?

e) Was bedeutet es zu bekräftigen, dass Gott ein Gott ist, „der seine Macht teilt"? Auf welche Arten möchte er seine Macht mit Ihnen teilen?

f) Was ist der Unterschied zwischen einem Adler und einem Truthahn? Ist diese Unterscheidung hilfreich, wenn Sie an Ihre eigenen Erfahrungen denken?
   [„Wir müssen auf die dringende Notwendigkeit reagieren, die Botschaft des Evangeliums in die Welt hinauszubringen. Gott bevollmächtigt uns nicht nur für kurze Sprints, sondern zu einem langen Dauerlauf."]

g) Halten Sie Erweckung für etwas, das Gott selbst und zu seiner eigenen Zeit herbeiführen wird, oder glauben Sie, dass es in Ihrer Verantwortung liegt, sie herbeizuführen? Wie würde Jesaja Ihrer Meinung nach auf diese Frage reagieren?

3. Wen wird Gott gebrauchen? (Jesaja 49,1-7)

a) Warum ist es unwahrscheinlich, dass mit dem „Knecht" in Jesajas vier „Liedern über den Gottesknecht" nur das Volk Israel gemeint ist? Welche Alternativen wurden vorgeschlagen?

b) Nicky Gumbel sagt: „Die Abschnitte über den Gottesknecht lassen sich auf drei Ebenen anwenden." Was meint er damit? Wie lässt sich dies für uns anwenden?

c) Worin bestehen die „drei Hauptaufgaben", welche „die Erkennungszeichen der Knechte Gottes" sind?

d) Inwiefern sind die Begriffe „Schwert" und „Pfeil" besonders geeignete Bilder, um zu beschreiben, wie Gott seine Knechte ausrüstet?

   [„... Zeiten des Wartens sollen keine vergeudeten Zeiten sein, sondern dazu genutzt werden, unsere Erkenntnis Gottes und unsere innige Vertrautheit mit ihm zu vertiefen. Gott kann tatsächlich viele Jahre darauf verwenden, uns vorzubereiten und für einen besonderen Zeitpunkt zu schulen."]

e) Wie kann man „Gott sichtbar machen"? Formulieren Sie Ihre Antwort so konkret wie möglich.

f) Nicky Gumbel beschreibt die biblische Vorgabe für die Diener Gottes mit den Worten: „Zuerst die Verheißung, dann die Schwierigkeiten und zum Schluss die Erfüllung." Inwiefern spiegelt sich dieses Muster in Ihrer Erfahrung wider?

g) Welche Rolle kommt Ihnen in der von Gott gegebenen Beauftragung der Gemeinde zu, seine Erlösung an die Enden der Erde zu tragen?

h) Wie viele Christen haben sich schätzungsweise verpflichtet, jeden Tag für Erweckung zu beten. Gehören Sie dazu? Warum?

i) „Wir müssen den Menschen die gute Nachricht sagen und sie davor warnen, Gott abzulehnen." Wie

würden Sie eigentlich genau erklären, was die gute Nachricht ist? Und was sind die Gefahren, wenn Menschen Gott ablehnen?
[„Das Evangelium ist allgemein gültige Wahrheit für die ganze Welt."]

4. Was ist das Wesen der Erweckung?
(Jesaja 49,8-50,3)

a) Was würden Sie auf die Frage antworten: „Finden Sie es leicht, sich vorzustellen, dass Sie ‚Gottes volle Anerkennung' haben?" Was veranlasst Sie zu der Antwort, die Sie auf diese Frage geben?

b) Was ist mit dem „Bund" zwischen Gott und seinem Volk Israel gemeint? Wie reagierte Gott auf die Tatsache, dass Israel diesen Bund brach? Was lässt das über sein Wesen erkennen?

c) Was wissen wir über die Hirten in Palästina? Inwiefern ist Gott ihnen ähnlich?

d) „Sowohl gute als auch schlechte Erfahrungen können das Rohmaterial sein, durch das Gott seine Absichten in unserem Leben hervorbringt." Welche Erfahrungen haben Sie in dieser Hinsicht gemacht?

e) Haben Sie sich je von Gott verlassen gefühlt? Was erwidert der Prophet auf dieses Dilemma?
[„... für Gott ist es unmöglich, sein Volk zu vergessen: seine Liebe ist sogar noch größer, als die Liebe einer Mutter zu ihrem Kind."]

f) Welche Erfahrung haben Sie mit dem Wirken des Heiligen Geistes als „Geist der Sohnschaft" gemacht?

g) Was empfinden Sie in Bezug auf die Aussage, dass Gott Sie in seine Hand „eingraviert" hat?

h) Haben Sie je in einer Situation das Gefühl gehabt,

Gottes Macht wäre nicht ausreichend? Was erwidert
der Prophet auf diesen Einwand?

i) Haben Sie je das Gefühl, Gottes Verheißungen seien
einfach zu groß für Menschen wie Sie, sodass Sie
sich zurückziehen, weil Sie meinen, Sie hätten sie
nicht verdient? Was würde der Prophet wohl auf
diesen Einwand erwidern?

j) Welche Merkmale sind den von Nicky Gumbel er-
wähnten Beispielen für Erweckung gemeinsam?
Was bedeutet dies für Ihr Verständnis dessen, was
Erweckung ist und wie sie zu Stande kommt?
[*„Im Herzen jeder Erweckung steht die Liebe Gottes
zu seinem Volk."*]

5. Wie lautet die Botschaft einer Erweckung?
(Jesaja 52,13-53,12)

a) Warum ist Jesaja 53 für Christen so wichtig?

b) In welcher Weise verkörpert Jesus die Gegensätze,
die in Jesaja 52,13-15 gezeigt werden?

c) „Bei Gott kann scheinbarer Misserfolg in Wirklichkeit Erfolg sein." Kennen Sie weitere Beispiele für
dieses Prinzip?

d) Warum waren die Menschen Israels nicht in der
Lage, in Jesus den Messias zu erkennen? Inwiefern
existiert diese Haltung noch heute?

e) Was offenbart Jesaja 53,4-6 über die Beziehung
zwischen Sünde und Leiden?

f) Was ist das „Außergewöhnliche" an der Genauigkeit der Prophetie in Jesaja 53,7-9?

g) Wie reagieren Sie auf die Vorstellung, dass der Tod
Jesu „durch den allmächtigen souveränen Gott geplant" war?

h) In welchen Aspekten war der Tod Jesu am Kreuz
ein „Triumph"?

i) „Sehen Sie, das hat er für mich getan. Es gibt nichts, was ich nicht für ihn tun würde." Inwiefern gilt das für Ihre eigene Beziehung zu Jesus Christus?

j) Was muss auf dem Hintergrund dieses Kapitels geschehen, bevor ein Einzelner Erweckung erfährt? Würden Sie sagen, dass dies bei Ihnen geschehen ist? Würden Sie dies gern erfahren?
   [„Es sind der Tod und die Auferstehung Jesu Chisti, die eine Erweckung möglich machen."]

6. Worin besteht die Vision?
(Jesaja 54)

a) Was beeindruckt Sie an der Geschichte von William Carey?

b) „... wenn der Herr die Heiden bekehren möchte, kann er das auch ohne Ihre Hilfe tun." Können Sie erläutern, was an dieser Aussage wahr und was falsch ist?

c) Welches Bild wird in Jesaja 54 und 55 für Israel verwendet? Welchen Grundton haben diese beiden Kapitel?

d) Wie lassen sich Gottes Anweisungen an Israel auf die heutige Gemeinde übertragen? Auf welche Weise setzen Sie sie in Ihrer Situation in die Praxis um?

e) Angst wäre eine verständliche Reaktion auf all dies. Auf welcher Grundlage kann der Prophet dann sagen: „Fürchte dich nicht"?
   [„Wir dürfen völlige Zuversicht haben, weil er versprochen hat, dass die Vergangenheit wirklich hinter uns liegt."]

f) „Die Versuchung, anderen Göttern nachzufolgen, wird immer gegenwärtig sein." Inwiefern haben Sie selbst diese Tatsache erfahren? Gibt es in dieser Hinsicht irgendetwas, das Sie in Ordnung bringen müssen?

g) Welches neue Bild erscheint in den Versen 11-17? Welche drei besonderen Verheißungen Gottes an sein Volk illustriert es?

h) Gott ist selbst dann souverän, wenn alles schief zu gehen scheint. Welche Erfahrungen haben Sie gemacht, die diese Wahrheit unterstreichen?

i) Denken Sie eine Weile über den berühmten Ausspruch von William Carey nach: „Erwarte von Gott große Dinge. Versuche für Gott große Dinge." Beten Sie darüber. Wie werden Sie dies in die Tat umsetzen?

7. Wie lautet die Einladung?
(Jesaja 55)

a) Jesaja legt vier Gründe dar, warum wir auf Gottes Einladung, zu ihm zu kommen, eingehen sollten. Um welche Gründe handelt es sich?

b) Sind Sie völlig davon überzeugt, dass materielle Dinge nicht befriedigen? Wie haben Sie dies festgestellt?
[„Das Problem mit Trugbildern ist, dass sie das versprochene Leben nicht einlösen."]

c) Was ist ungewöhnlich an dem „Geschäftsinhaber" in den Versen 1-3? Haben Sie sein Angebot angenommen?

d) Inwiefern bauen die Verse 3b-5 auf dem auf, was Gott zu Beginn dieses Kapitels sagt?

e) Warum müssen wir das Beste aus unseren Gelegenheiten machen, Gottes Einladung anzunehmen? Welche Gelegenheiten sind Ihnen bewusst? Haben Sie sie genutzt? Wenn nicht, warum nicht?

f) Worin besteht der positive und worin der negative Aspekt der Buße, der in den Versen 6-9 hervorgehoben wird?
   [*„Egal wie tief wir gefallen sind, Gott wird uns vergeben."*]

g) Was würden Sie einem Menschen antworten, der sagt, er wüsste nichts, wofür er Buße tun müsste? Und was würden Sie auf der anderen Seite des Spektrums einem Menschen antworten, der sich für zu schlecht hält, um noch Vergebung empfangen zu können?

h) Auf welche Weise soll das Leben der Knechte des Herrn nach Gottes Absicht fruchtbar sein? Entspricht Ihre Auffassung darüber, was dies beinhaltet, der Auffassung Jesajas? Wie sieht das in der Praxis aus?

8. Welche Auswirkung sollte eine Erweckung auf die Gesellschaft haben?
(Jesaja 58)

a) Welche zwei Gefahren liegen nach Ansicht Michael Cassidys in der Beteiligung von Christen am Völkermord in Ruanda? Können Sie erste Anzeichen für diese Gefahr in Ihrer eigenen Haltung entdecken?

b) Was versteht Nicky Gumbel unter einer „privatisierten Religion"? Was ist daran falsch? Wie können wir das vermeiden?
   [*„Evangelisation und soziales Engagement gehen Hand in Hand und beide sind in jedem örtlichen Gemeindeprogramm als verantwortungsbewusster Ausdruck christlicher Liebe notwendig."*]

c) Worin bestehen die „drei Geißeln, die aus der Gesellschaft beseitigt werden müssen", die Jesaja hier unterscheidet? Was können die Diener Gottes tun, um die notwendigen Veränderungen herbeizuführen?

d) Nicky Gumbel nennt Abtreibung als eklatantes Beispiel für die Ungerechtigkeit, Unmenschlichkeit und Ungleichheit unserer eigenen Gesellschaft. Auf welche Weise können Christen „auf lokaler und nationaler Ebene in die gesellschaftlichen Strukturen hineinwirken", um solche Dinge zu bekämpfen?

e) Welche drei Bereiche menschlicher Bedürfnisse hebt der Prophet hier hervor? Warum existieren solche Bedürfnisse Ihrer Meinung nach noch heute, nach 2500 Jahren?

f) Wie würden Sie versuchen, einen Menschen zu ermutigen und ihm zu helfen, der sich vom Ausmaß der Probleme überwältigt fühlt, die es in unserer heutigen Welt zu lösen gilt?

g) Stehen Sie in der Gefahr, „sozial engagiert zu sein, aber die eigene Familie zu vernachlässigen"? Warum ist diese Frage so wichtig?

h) Was verspricht Gott hier denen, die ihm gehorchen? Was bedeuten diese Dinge in der Praxis?

i) Zwischen diesen wunderbaren Verheißungen gibt es eine weitere Warnung. Was kann ein geschärftes soziales Gewissen und einen blühenden Dienst unter den Armen verderben?

j) Was bedeutet es nach diesen Versen wirklich, den „Sabbat zu halten"? Tun Sie das?

k) Betrachten Sie noch einmal das gesamte Kapitel im Rückblick. Warum ist die Kombination von Liebe zu Gott und Liebe zu unserem Nächsten so entscheidend für eine wahre Erweckung?
   [*„Wahre und bleibende Erweckung verändert nicht nur Menschenherzen, sondern auch Gemeinschaften und Institutionen."*]

9. Wo liegt die Quelle der Erweckung?
(Jesaja 61,1-11)

a) Was meint Nicky Gumbel, wenn er sagt, dass wir bei vielen alttestamentlichen Prophetien drei Ebenen der Erfüllung erkennen können?

b) Was sind die drei Ebenen der Erfüllung in Jesaja 61? Warum ist es wichtig, dies zu verstehen und nicht sofort zur Frage der Anwendung für uns heute überzugehen?

c) Was bedeutet es nach Aussage dieser Verse, im Heiligen Geist „gesalbt" zu sein?

d) Die Verse 1-3 unterstreichen die Resultate einer solchen Salbung auf dem Leben schwacher Menschen. Welche Dinge nennt Jesaja im Einzelnen? Wie lässt sich dies mit Ihrer Auffassung darüber vergleichen, was Dienst bedeutet?
   [*Das Wirken des Heiligen Geistes wirkt sich nicht nur auf unsere Vollmacht aus, die Menschen unserer Umgebung zu segnen und zuzusehen, dass ihr Leben verwandelt wird; es bewirkt langfristig auch, dass sie wieder auf die Beine kommen und selbst befähigt werden, andere zu unterstützen, die Hilfe brauchen.*]

e) „Christen können heute aus unerwarteten Quellen materielle und finanzielle Unterstützung erhalten." Wie gelangt Nicky Gumbel zu dieser Schlussfolgerung? Können Sie Beispiele für das finden, was er meint?

f) Die Erweckung des Volkes Gottes ist kein Selbstzweck. Wozu soll sie führen? Wie drückt Jesaja dies aus?

10. Wie sollten wir für Erweckung beten?
(Jesaja 62,1-7)

a) Warum ist Jesaja „tief betroffen über den Zustand Jerusalems"? Empfinden Sie dasselbe über den Zustand der Gemeinde und der Welt heute?

b) Jesaja unterscheidet vier Dinge im Leben des Volkes Gottes, für die wir beten sollten. Welche Dinge sind das? Warum sind sie so wichtig?

   [*Die heutige Gemeinde mit ihren schwindenden Zahlen kann oft das Bild eines verlassenen und öden Ortes bieten, der für das moderne Leben irrelevant ist. Unser Gebet sollte sein, dass sie in einen Ort verwandelt wird, an dem Gott wirklich seine Freude hat.*"]

c) Welchen Aspekt betont der Begriff „Wächter" in Bezug auf die Rolle des Propheten und des Fürbitters im Leben der Gemeinde? Hat dieser Aspekt Ihnen etwas zu sagen? Wenn ja, wie können Sie es in die Tat umsetzen?

d) Welche fünf Richtlinien für die Fürbitte legt Jesaja hier dar?

e) Was wurde als das „höchste Gebet in Verbindung mit einer Erweckung" bezeichnet? Warum? Was würde Ihrer Meinung nach in Ihrer eigenen Umgebung geschehen, wenn Gott ein solches Gebet erhören würde?

f) Warum muss man Ihrer Meinung nach so oft darum kämpfen, ein diszipliniertes Gebetsleben beizubehalten? Warum ist es so wichtig, dass wir dies tun?

g) Welche Beziehung besteht zwischen Erweckung und Gebet?

h) Warum steht Erweckung immer in Beziehung zu Heiligkeit? Was würde Gott Ihnen auf die Frage antworten: „Sind meine Hände rein und ist mein Herz lauter"?

11. Wo wird sie enden?
(Jesaja 65)

a) Welche speziellen Vorwürfe erhebt Jesaja gegen diejenigen, die sich weigern, Gottes Einladung, zu ihm zu kommen, anzunehmen?

b) Wie reagieren Sie auf die Feststellung, „dass Gottes Gericht auf alle kommen wird, die seine Einladung ablehnen"? Was empfindet Gott Ihrer Meinung nach darüber?

c) Welche Bedeutung haben die Ortsbezeichnungen in Vers 10?

d) Jesaja nennt eine Gruppe von Menschen, die Gott verließen und statt seiner jemand oder etwas anderes suchten. Wofür entscheiden sie sich? Warum führt dies zur Vernichtung?

e) Welche Gegensätze zeigt der Prophet zwischen den Dienern Gottes und denen, die Gott verwarfen, auf? Warum sind diese Gegensätze so scharf?

f) Wie wird der Himmel aus der Sicht Jesajas sein? Freuen Sie sich darauf?

[*„Wenn Gott alles, was er tut, mit einer gefallenen Welt tun kann, dann können wir uns kaum vorstellen, was er mit einem neuen Himmel und einer neuen Erde anfangen kann."*]

Anmerkungen

[1] Colin Whittaker, *Great Revivals,* Marshalls 1984, S. 138

[2] *Asia Week,* 17. August 1994, S. 34

[3] *The Guardian,* 16. April 1994

[4] Ed Silvoso, *That None Should Perish,* Regal Books 1994

[5] C. Peter Wagner, *Lektionen aus der weltweiten Erweckung,* Mainz-Kastel o.J., S. 45-47

[6] Miguel Uchoa in: *Anglicans for Renewal,* Sommer 1997, S. 17

[7] *The New York Times,* 27. Mai 1997, S. A1, von Rick Bragg

[8] Solomon Stoddard aus dem Kapitel „The Benefit of the Gospel" in: *The Efficacy of the Fear of Hell, to Restrain Men from Sin,* Boston 1713, zitiert nach Michael J. Crawford, *Seasons of Grace: Colonial New England's Revival Tradition in Its British Context,* New York 1991, S. 110

[9] Siehe zum Beispiel die Einleitung zu Ian Murray, *Revival and Revivalism, The Making and Marring of American Evangelism, 1750-1858,* Banner of Truth, 1994, S. xvii-xxii

[10] Brian H. Edwards, *Revival! A People Saturated with God,* Evangelical Press, 1990, S. 26

[12] John Stott, *The Message of Acts,* IVP, 1990, S. 61

[12] Robert E. Coleman in: *Tears of Revival,* Tim Beougher und Lyle Dorsett, Hrsg., Kingsway, 1959, S. 104

[13] John F. Sawyer, *The Fifth Gospel – Isaiah and the History of Christianity,* Cambridge 1996, S. 17

[14] Der Schreiber ist entweder Jesaja selbst, der eine Predigt gibt, die 150 Jahre später vorgelesen werden soll, oder jemand, der in der neuen Situation in der Tradition Jesajas schreibt. Bei den Kommentatoren herrschen unterschiedliche Auffassungen darüber, ob Jesaja von einer Person oder von zwei bzw. drei verschiedenen Personen geschrieben wurde. Für unsere Zwecke ist dies nicht von großer Bedeutung. Unumstritten ist die Tatsache, dass der unmittelbare Kontext der Botschaft die babylonische Gefangenschaft ist.

[15] Die Angaben stammen aus *Social Trends 26*, Ausgabe 1996, Central Statistical Office

[16] Dekan Dr. N. T. Wright in seiner Rede anlässlich der *Oxford Inter-Collegiate Christian Union*, Mai 1993 (siehe auch *The New Testament and the People of God*, SPCK 1992, S. 268-272, und *Jesus and the Victory of God*, SPCK 1996)

[17] *The Guardian*, 7. Februar 1997

[18] *The Church Times*, 7. Februar 1997

[19] Jonathan Edwards, *The Works of Jonathan Edwards*, Band II, Banner of Truth, 1992, S. 267

[20] William Blake, *Auguries of Innocence*, 1. Strophe, 1803

[21] Everett L. Fullam in seiner Predigt in *Holy Trinity Brompton*, 1985

[22] Arthur Wallis, In *the Day of Thy Power*, Christian Literature Crusade, 1956, S. xi

[23] Malcolm Muggeridge, *Conversion*, London 1988, S. 135

[24] Alec Motyer, *The Prophecy of Isaiah*, Leicester 1993, S. 391

[25] a.a.O., S. 391

[26] W. M. Thompson, *The Land and the Book*, London 1890, S. 203

[27] *Sports Illustrated*, 30. Dezember 1996

[28] Eifion Evans, *Daniel Rowland and the Great Evangelical Awakening in Wales,* Banner of Truth, 1985, S. 53

[29] Jonathan Edwards, *The Works of Jonathan Edwards,* Band I, Banner of Truth, 1834, S. lxv

[30] Eifion Evans, a.a.O., S. 314

[31] Raniero Cantalamessa, *Life in the Lordship of Christ,* Sheed and Ward, 1990, S. 3-4

[32] Jonathan Edwards, a.a.O., Band I, S. 268

[33] Helen Shapiro, *Walking Back to Happiness,* London 1993, S. 277

[34] Joachim Jeremias, *Eucharistic Words of Jesus,* SCM Press, 1996, S. 228

[35] Simon Weston, *Walking Tall: An Autobiografy,* Bloomsbury 1989, S. 144f.

[36] Paul Yonggi Cho, *Solving Life's Problems,* Logos International, 1980, S. 135f.

[37] Einige Kritiker behaupten, dass die Übereinstimmung zwischen den Prophetien Jesajas und dem Neuen Testament keine Frage genauer Vorkenntnis ist, sondern dass die neutestamentlichen Schreiber ihre Aufzeichnungen einfach so verfassten, wie es den alttestamentlichen Prophetien entsprach. Es gibt Beispiele im Neuen Testament, in denen der Schreiber verdeutlicht, dass er eine Verbindung zwischen seinem Bericht und der alttestamentlichen Prophetie herstellt (gewöhnlich durch Zitieren einiger Verse aus den Propheten), doch diese Tatsache rechtfertigt keine so skeptische Sicht.

[38] Ian Barclay, *The Fact of the Matter,* Falcon Books, 1971, S. 33-34

[39] „Daily Meditations for May 1996 – The Spirit of Pentecost", in: *The Word Among Us,* S. 20,21

[40] Jonathan Edwards, a.a.O., Band I, S. 266

[41] Samuel Prime, *The Power of Prayer,* Banner of Truth, 1991, S. 11

[42] D. Martyn Lloyd-Jones, *Revival,* Marshall Pickering, 1986, S. 47

[43] Timothy George, *Faithful Witness: The Life and Mission of William Carey,* Leicester 1991, S. 31-32

[44] C. Peter Wagner, *Lektionen aus der weltweiten Erweckung,* Mainz-Kastel o.J., S. 45

[45] Die Lausanner Verpflichtung, zitiert nach Hans Steubing, Hrsg., *Bekenntnisse der Kirche,* Wuppertal 1977, 2. Auflage, S. 322-323

[46] Lesslie Newbigin, *Household of God,* SCM, 1952, S. 144

[47] a.a.O., S. 146

[48] Billy Graham, *Just As I Am: The Autobiografy of Billy Graham,* HarperCollins, 1997, S. 696

[49] *Osservatore Romano,* 14. Mai 1990, S. 4; 10

[50] Billy Graham, a.a.O.

[51] Jonathan Edwards, a.a.O., Band I, S. 348

[52] John Pollock, *John Wesley,* London 1989, s. 172

[53] Arthur Wallis, a.a.O., S. 26

[54] *Osservatore Romano,* 18. September 1989, S. 4

[55] Alexander Solschenizyn, Vortrag in Templeton, Guildhall, London, am 10. Mai 1983

[56] C. S. Lewis, *Der innere Ring und andere Essays,* Basel 1992, 2. Taschenbuchauflage, S. 97

[57] Billy Graham, a.a.O., S. 697

[58] Tim Beougher und Lyle Dorsett, Hrsg., *Tears of Revival,* Kingsway, 1995, S. 15

[59] Arthur Wallis, a.a.O., S. xi

[60] Jonathan Edwards, a.a.O., Band II, S. 267

[61] Billy Graham, a.a.O., S. 681-683

[62] J. D. Smart, *History and Theology in Second Isaiah,* Epworth, 1965, S. 247

[63] Nelson Mandela, *Long Walk to Freedom,* (Der lange Weg zur Freiheit), Abacus, 1995, S. 620

[64] a.a.O., S. 680

[65] a.a.O., S. 394

[66] James Gregory, *Goodbye Bafana Nelson Mandela My Prisoner, My Friend,* Headline, 1995

[67] Mary Benson in ihrem Artikel über Mandelas Buch in: *The Daily Telegraf*

[68] Nelson Mandela, a.a.O., S. 583

[69] a.a.O., S. 616

[70] Claus Westermann, *Isaiah 40-66,* SCM Press, 1969, S. 338

[71] K. S. Latourette, *A History of Christianity,* Payne and Spottiswoode, 1954, S. 1055

[72] Brian H. Edwards, a.a.O., S. 193

[73] Bischof Lesslie Newbigin, *The Open Secret,* SPCK, 1995, S. 19

[74] Charles Finney, 23rd Lecture on Revival

[75] George Carey, *Kirche auf dem Markt,* Landstuhl 1992, S. 9-12

[76] Aus der Septuaginta (der griechischen Übersetzung des alttestamentlichen Textes)

[77] D. M. Phillips, *Evan Roberts, The Great Welsh Revivalist and His Work,* Evangelical Press of Wales, 1923, S. 70

[78] Mark Edwards, *The Sunday Times,* 7. Mai 1995

[79] Broschüre *Trees Are Life* der *International Tree Foundation*

[80] Diese Ereignisse in Billy Grahams Leben sind entnommen aus John Pollock, *Billy Graham: The Authorised Biografy,* London 1996; William Martins Biografie *The Billy Graham Story: A Prophet With Honour,* Hutchinson, 1991; und Billy Grahams Autobiografie *Just As I Am,* a.a.O. Meine Aufzeichnungen sind eine Kombination dieser Quellen.

[81] Frederick Booth-Tucker, *General William Booth,* New York 1898, S. 105

[82] Samuel Prime, a.a.O., S. 11

[83] Jonathan Edwards, a.a.O., Band I, S. ix

84 *George Whitefield Journal,* Banner of Truth, 1960, S. 201

85 John Pollock, *George Whitefield and the Great Awakening,* London 1972, S. 147ff.

86 Lewis A. Drummond, *Charles Grandison Finney and the Birth of Modern Evangelism,* London 1983, und: *The Autobiografy of Charles G. Finney,* gekürzt und herausgegeben von Helen Wessel, Minneapolis 1977, S. 21f. Helen Wessel hat die ursprünglich 1876 veröffentlichten Memoiren von Rev. Charles G. Finney zusammengefasst, viele veraltete Begriffe ersetzt, die Sätze gekürzt und die Zeichensetzung modernisiert.

87 Ian H. Murray, a.a.O., S. 298

88 D. Martyn Lloyd-Jones, a.a.O., S. 199f.

89 R. E. Davies, *I Will Pour Out My Spirit: A History and Theology of Revivals and Evangelical Awakenings,* Monarch, 1992, S. 17

90 Zitiert in Arthur Wallis, a.a.O., S. 249

91 Samuel Prime, a.a.O., S. 11

92 John Kilpatrick, *When the Heavens Are Brass – Keys to Genuine Revival,* Revival Press, 1997, S. ix

93 a.a.O., S. x

94 a.a.O., S. xi

95 D. Martyn Lloyd-Jones, a.a.O., S. 305f.

96 Bob Dunnett, *Let God Arise,* Marshall Pickering, 1990, S. 75

97 Robert Backhouse, Hrsg., *Spurgeon on Revival,* Eastbourne 1996, S. 93

98 Brian H. Edwards, a.a.O., S. 78

99 Billy Graham, a.a.O., S. 219-223

100 Donald N. Clark, *Christianity in Modern Korea,* University Press of America, 1986, S. 8

101 Paul Yonggi Cho, *Gebet, Schlüssel zur Erweckung,* Hochheim 1988, S. 92

102 a.a.O., S. 9

[103] Aus dem Vorwort von *Der Toronto-Segen 2,* von Guy Chevreau, Wiesbaden 1995, S. 11

[104] Brian H. Edwards, a.a.O., S. 74

[105] R. E. Davies, a.a.O., S. 217

[106] William Shakespeare, *Macbeth,* Akt V, 5. Szene, Verse 24-28, Stuttgart 1970, S. 69

[107] *The Independant,* 12. April 1995

[108] a.a.O.

[109] Malcolm Muggeridge, *Jesus Rediscovered,* London 1969, S. 99f.

[110] C. S. Lewis, *Mere Christianity,* London 1952, S. 119

[111] Weitere Informationen zu diesem Thema finden Sie in N. T. Wright, *Following Jesus,* SPCK, 1994, Kapitel 6 und 12